DOKÉO

6-9 ANS

L'ENCYCLOPÉDIE NOUVELLE GÉNÉRATION

Direction de la publication : Dominique **Korach**
Direction éditoriale : Céline **Charvet**
Geneviève **Goisque**
Direction artistique : Lieve **Louwagie**
Jean-François **Saada**
Conception graphique : Lieve **Louwagie**
Édition : Jean-Christophe **Fournier**
Lyse **Harinck**
Cécile **Jugla**
Ariane **Léandri**
Maquette : Xavier **Crauffon**
Thomas **Gabison**
Frédérique **Gaudin**
Stéphanie **Ghinéa**
Maryse **Guittet**
Romain **Hisquin**
Lieve **Louwagie**
Correction : Anne **Bleuzen**
Recherche documentaire : Julie **Berthet**
Sandrine **Mirza**
Recherche iconographique : Valérie **Delchambre**
Nadine **Gudimard**
Fabrication : Jacques **Lannoy**
Christelle **Leplard**
Photogravure : **Passport**

Remerciements : Isabelle Bouillot-Jaugey Henri Druesne, Sophie Hutepain, Ghislaine Le Dault, Emmanuelle de La Grange, Sylvestre Maurice, Marie Pèbre

Les auteurs

Ouvertures de chapitres : Anne **Bleuzen**
Didier **Lévy**
Astronomie : Nathalie **Audard**
Terre : Philippe **Monges**
Plantes : Philippe **Monges**
Animaux : Frédéric **Denhez**
Corps humain : Maryline **Coquidé**
Histoire : Dimitri **Casali**
Monde d'aujourd'hui : Julien **Hirsinger**
Arts : Sylvie **Baussier**
Sciences et techniques : Joël **Lebeaume**

Les illustrateurs

Illustration de couverture : Clément **Oubrerie**
Ouvertures de parties et de chapitres : Gaëtan **Dorémus**
Pages Petit Dokéo : **Blexbolex**
Astronomie : Alexios **Tjoyas**
Terre : Charles **Dutertre**
Plantes : Vincent **Mathy**
Animaux : Marc **Boutavant**
Corps humain : Nicolas **Hubesch**
Histoire : Pascal **Baltzer**
Monde d'aujourd'hui : **Arno**
Benjamin **Bachelier**
Olivier **Latyk**
Jörg **Mühle**
Sandra **Poirot-Cherif**
Fabrice **Turrier**
Arts : Aurélie **Guillerey**
Sciences et techniques : Sylvie **Bessard**

ISBN : 209 250830-X

DOKÉO

6-9 ANS

L'ENCYCLOPÉDIE NOUVELLE GÉNÉRATION

Nathan

SOMMAIRE

Quel espace ! 6>45

L'ASTRONOMIE 8>19

LA TERRE 20>45

Quelle vie ! 46>107

LES PLANTES 48>57

LES ANIMAUX 58>91

NOTRE CORPS 92>107

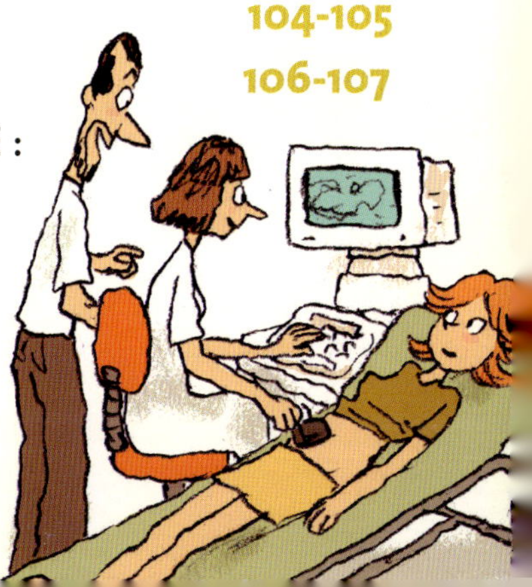

Quelle histoire ! 108>177

NOTRE HISTOIRE 110>141

LE MONDE D'AUJOURD'HUI 142>177

SOMMAIRE

Quel génie ! 178>207

LES ARTS 180>193

SCIENCES ET TECHNIQUES 194>207

EVEREST

Quel espace !

IL ÉTAIT UNE FOIS...

Héraclès est né des amours d'un dieu, Zeus, et d'une simple mortelle, Alcmène. Pour acquérir l'immortalité divine, le bébé Héraclès doit téter la déesse Héra, l'épouse trompée de Zeus. Mais celle-ci refuse. Il faut donc ruser. Hermès, qui a été interrogé, attend que la déesse s'endorme et pose le bébé sur son sein. Évidemment Héra se réveille en sursaut et le lait qui jaillit se répand partout dans le ciel, formant… la Voie lactée. Voilà comment la mythologie grecque explique la naissance de notre galaxie !

Longtemps, les éclipses ont terrifié les populations. Au Viêt-Nam, on pensait que c'était une gigantesque grenouille qui attaquait la Lune. Pour les hindous, c'était un dragon qui mordait le Soleil. En Amérique du Sud, c'était un jaguar qui faisait des siennes… Alors, pour éloigner tous ces animaux mangeurs d'astres, on s'agitait, on criait et on tapait sur des tambours. Aujourd'hui, on sait expliquer le phénomène des éclipses. Et les hommes les admirent énormément.

L'astronomie

Une nuit d'été, tu contemples le ciel étoilé. Les questions fusent : qu'est-ce qu'une étoile ? combien sont-elles ? et la Terre dans tout ça ? Depuis toujours, les hommes sont comme toi : ils interrogent l'Univers. S'ils ont apporté certaines réponses, ils en cherchent encore bien d'autres…

Le célèbre professeur Barbenfouillis et les savants du club des astronomes partent dans l'espace à bord d'une fusée-obus propulsée par un canon géant : ils atterrissent directement dans l'œil de la Lune… Ainsi commence le premier film de science-fiction de l'histoire du cinéma : *Le Voyage dans la Lune*, tourné en 1902 par Georges Méliès. Mais il faudra attendre le 21 juillet 1969 à 3 h 56 du matin (heure française) pour que le premier homme, l'astronaute américain Neil Armstrong, pose le pied sur le sol lunaire et prononce sa célèbre phrase : « Un petit pas pour l'homme, un grand pas pour l'humanité. »

“ Quand tu regarderas le ciel, la nuit, puisque j'habiterai dans l'une d'elles, puisque je rirai dans l'une d'elles, alors ce sera pour toi comme si riaient toutes les étoiles. Tu auras des étoiles qui savent rire ! ”

Le Petit Prince d'Antoine de Saint-Exupéry, 1943

Le 30 octobre 1938, aux États-Unis, la radio CBS interrompt ses programmes pour diffuser un reportage en direct : « Les Martiens viennent de débarquer ! » À New York, Philadelphie, Chicago, c'est la panique. Des milliers de personnes fuient sur les routes pour échapper aux envahisseurs… Poisson d'avril ! L'acteur Orson Welles venait juste de faire une adaptation radiophonique très réussie d'un roman de science-fiction de Herbert George Wells, *La Guerre des mondes*.

Le système solaire

Il se compose d'une étoile, le Soleil, et de neuf planètes qui tournent autour de lui. Une famille qui compte aussi des milliers d'autres petits astres...

Les planètes sont **en orbite** autour du Soleil : elles tournent autour de lui en décrivant des ellipses, et elles tournent aussi sur elles-mêmes.

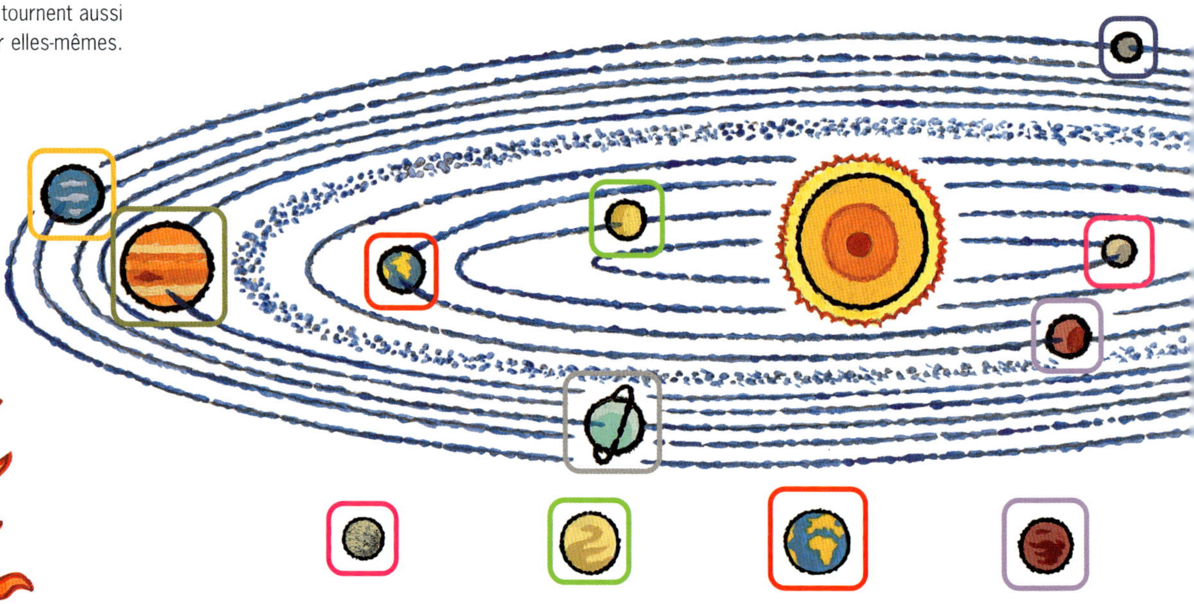

LE SOLEIL

Il est **énorme** et attire, par le phénomène de la gravitation, tous les objets du système solaire, qui gravitent autour de lui. Vieux de 5 milliards d'années, il est aujourd'hui à la moitié de sa vie.

MERCURE

C'est la plus proche du Soleil et **la plus rapide :** elle tourne autour de lui en 88 jours. Sur cette planète qu'on connaît à peine, il fait très chaud le jour (430 °C) et très froid la nuit (– 170 °C).

VÉNUS

Vénus est **une vraie fournaise :** il y fait 470 °C le jour et la nuit. De quoi faire fondre du plomb ! Elle est recouverte de nombreux volcans dont certains sont peut-être encore actifs.

LA TERRE

D'après ce que l'on sait, c'est la seule à abriter **la vie.** Située à distance idéale du Soleil, elle a une température moyenne de 15 °C. Elle possède une atmosphère et l'eau existe à sa surface à l'état liquide.

MARS

Elle est **rouge** à cause du fer qui compose ses roches. Son sous-sol contient beaucoup de glace et peut-être de l'eau liquide. Elle possède un gigantesque volcan, le mont Olympe, qui s'élève à 27 km d'altitude.

Cinq planètes, Mercure, Vénus, la Terre, Mars et Pluton, ont un sol dur et rocheux. Elles sont dites telluriques. Les quatre autres planètes, Jupiter, Saturne, Uranus et Neptune, sont gazeuses : ce sont d'immenses boules de gaz, sans vrai sol, et toutes entourées d'anneaux de blocs de matières diverses. Le système solaire compte aussi des astéroïdes et des comètes. Les astéroïdes sont des rochers plus ou moins gros dont un grand nombre forme une ceinture entre Mars et Jupiter. Composées de glace et de poussières, les comètes tournent autour du Soleil en décrivant des ellipses très allongées.

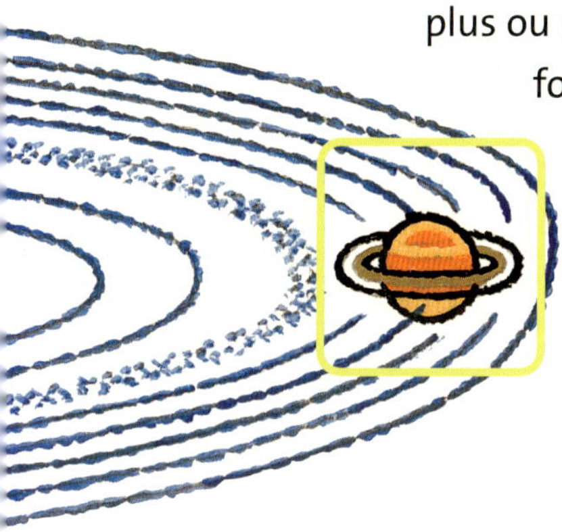

anecdote

Hasard ou calculs...

Pas facile de découvrir ou, même, d'identifier une planète ! C'est le hasard qui a permis à William Herschel de comprendre, en 1781, qu'Uranus était une planète, alors qu'elle avait déjà été observée et confondue avec une étoile. Herschel lui-même l'a d'abord prise pour une comète. Quant à Neptune, on a prouvé son existence avant de l'avoir observée. De savants calculs ont permis à Le Verrier de prédire sa position en 1846. Galle l'a effectivement vue quelques mois plus tard.

JUPITER

C'est **la plus grosse** du système solaire. Il faut plus de temps pour en faire le tour que pour aller de la Terre à la Lune. On observe à sa surface une tache rouge, aussi grande que la Terre : c'est un cyclone très ancien.

SATURNE

En 1610, Galilée a été le premier à remarquer **les anneaux** de Saturne. Ils se comptent par milliers et sont très fins : si leur diamètre est de 250 000 km, leur épaisseur ne dépasse pas 1,5 km.

URANUS

Elle tourne autour du Soleil en étant presque **couchée** sur son orbite, alors que les autres planètes ne sont que légèrement inclinées. Chacun de ses pôles est tour à tour éclairé ou plongé dans l'obscurité pendant 42 années.

NEPTUNE

Sa couleur **bleue** lui a valu son nom qui est celui du dieu de la mer romain. Cette couleur est due au méthane, un des gaz composant son atmosphère. C'est la planète la plus venteuse avec des vents à 2 000 km/h.

PLUTON

Découverte en 1930, la planète **la plus froide** (– 238 °C) reste mystérieuse : aucune sonde spatiale ne l'a approchée. On pense que cette planète était peut-être à l'origine une lune d'Uranus qui s'est égarée.

Objectif : Lune !

Quatre fois plus petite que la Terre, la Lune est le seul astre qui a été visité par les hommes. L'occuperont-ils un jour ? On peut se le demander...

La Terre et la Lune forment un beau couple, liés par le fait que la Lune tourne inlassablement autour de la Terre. Située à 380 000 km de notre planète, elle est son satellite. Le contraste est total entre les paysages de la Terre, placés sous le signe du vivant, et ceux de la Lune, mornes et désertiques ! Pourtant notre planète et son satellite partagent une histoire commune. Et l'étude des roches lunaires va pouvoir nous renseigner sur les âges les plus anciens de la Terre.

1. LE DÉBUT

Il y a 4,5 milliards d'années, la jeune Terre a été heurtée par une planète de la taille de Mars. **La Terre et la Lune actuelles sont nées** de cette collision.

2. AU FIL DU TEMPS...

Depuis, **la Lune tourne autour de la Terre** en 28 jours environ. Elle lui présente toujours la même face, parce qu'elle tourne aussi sur elle-même en 28 jours.

3. JALOUSIE !

La Lune serait-elle jalouse du Soleil ? Elle est 400 fois plus petite que lui, mais elle est aussi 400 fois plus proche de notre planète. Lorsqu'elle vient se placer entre eux deux, elle cache le Soleil à la Terre : c'est **une éclipse de Soleil.**

4. BIENTÔT LA FIN ?

La Lune s'éloigne de la Terre d'environ 3 cm par an. Il y a 3 milliards d'années, elle était d'un tiers plus proche de notre planète. Si elle continue à s'éloigner de la sorte, il n'y aura plus d'éclipse totale de Soleil.

Depuis la Lune, la Terre apparaît comme **une boule bleue,** avec ses mers et ses océans. Entre 1969 et 1972, douze astronautes américains ont marché sur la Lune. Le premier d'entre eux a été Neil Armstrong.

Les hommes pourraient aussi installer **un astroport** sur la Lune : la pesanteur y est six fois plus faible que sur la Terre. Une fusée peine donc beaucoup moins à décoller et à s'arracher à son attraction.

La Lune ne possède pas d'atmosphère. Elle pourrait ainsi être **un site d'observation astronomique** idéal, sans les perturbations atmosphériques qui gênent les astronomes sur Terre.

Il fait **très chaud** (120 °C) le jour ou **très froid** (– 180 °C) la nuit.

La surface de la Lune est formée de vastes étendues planes appelées mers, de profonds cratères et de montagnes : la plus haute atteint 8 200 m. Le sol lunaire est fait de roches et de poussières.

Le paysage lunaire ne connaît pas l'érosion de l'air et de l'eau, puisque ces éléments n'existent pas sur la Lune. **Les traces de pas** des spationautes sont donc toujours visibles.

Sur Terre, l'atmosphère filtre les rayons nocifs du Soleil. Sur la Lune, il faudrait s'en protéger en se couvrant de combinaisons spéciales ou en se réfugiant dans **des abris souterrains.**

À cause de l'absence d'atmosphère, les météorites peuvent s'écraser sur le sol et creuser **des cratères.** La poussière qui est alors soulevée retombe lentement.

Sur Terre, les sons sont portés par l'air. Comme il n'y a pas d'air sur la Lune, **le son de la voix** ne peut se faire entendre. Restent les gestes...

Les étoiles et l'Univers

À l'œil nu ou avec une simple lunette astronomique, on peut déjà observer beaucoup de choses dans le ciel et mieux comprendre comment se compose l'Univers.

L'Univers est né, il y a 15 milliards d'années, lors d'une gigantesque explosion appelée Big-Bang. Depuis, il n'a cessé de s'étendre. Très chaud à sa naissance, il s'est refroidi peu à peu et a engendré les étoiles, les planètes et les autres astres regroupés en galaxies, elles-mêmes regroupées en amas... Aujourd'hui, les astronomes observent l'Univers qui continue de s'étendre. Mais on ne connaît pas encore son avenir : va-t-il rester tel qu'il est ou se recroqueviller et s'effondrer sur lui-même ?

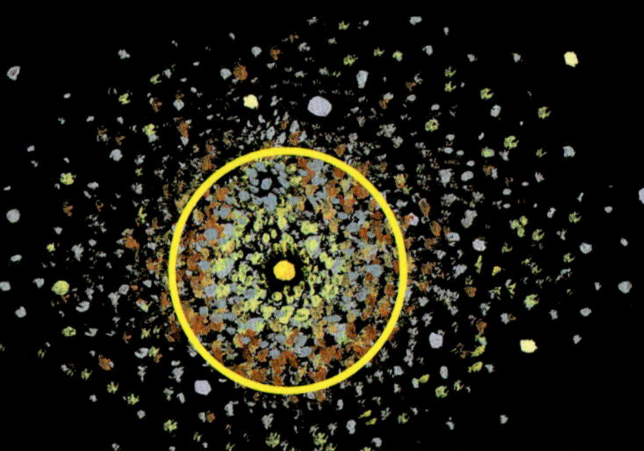

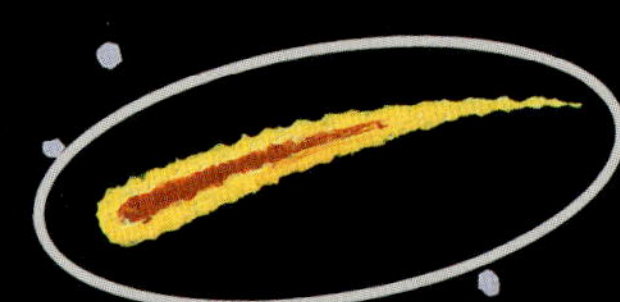

Pour observer le ciel, les anciens ont inventé des dessins qui reliaient plusieurs étoiles entre elles : les constellations. **La constellation de la Petite Ourse** ressemble ainsi à une casserole. Ils ont positionné ces dessins sur un plan qui ne tient pas compte des distances.

Les étoiles ne sont pas toutes blanches. Certaines sont **colorées.** La couleur dépend de la température à la surface de l'étoile : si le Soleil est jaune, c'est parce qu'il fait 6 500 °C à sa surface. Les plus chaudes sont bleues et dépassent 30 000 °C.

Les étoiles naissent, vivent et meurent. Les plus massives ont une vie courte et meurent vite. Elles explosent violemment : ce sont **les supernovae.** Moins massif, le Soleil explosera dans 4,5 milliards d'années. Puis il se contractera avant de mourir lentement.

Sur cette photographie, toutes les étoiles semblent tourner autour de **l'étoile Polaire,** qui paraît immobile. En réalité, c'est nous qui tournons. Si l'étoile Polaire paraît ne pas bouger, c'est parce qu'elle est située dans le prolongement de l'axe de rotation de la Terre.

Combien y a-t-il d'étoiles dans le ciel ?

On peut voir 6 000 étoiles à l'œil nu dans le ciel. Mais en réalité, il en existe beaucoup plus. Notre galaxie en compte déjà 100 milliards et il existe 100 milliards de galaxies qui contiennent tout autant d'étoiles. Des chiffres vertigineux, à peine envisageables, qui sont à l'image de l'immensité de l'Univers !

Les étoiles produisent leur propre lumière, alors que les planètes réfléchissent la lumière de l'étoile qui les éclaire. C'est pourquoi elles brillent la nuit. Certaines, comme **Vénus,** appelée aussi étoile du Berger, sont très brillantes, alors que d'autres, comme Uranus, Neptune et Pluton, sont invisibles à l'œil nu.

Quand **une comète** s'approche du Soleil, son noyau de glace et de poussière se réchauffe et éjecte de la matière qui crée une chevelure brillante. Certaines comètes ont un parcours régulier, comme la comète de Halley qui passe tous les seize ans près du Soleil et de la Terre.

En mourant, certaines étoiles très massives produisent des objets étonnants : **les trous noirs.** Ils sont tellement denses qu'ils avalent tout ce qui passe à leur portée. Rien, ni matière, ni lumière, ne peut s'échapper d'eux. Ils sont donc invisibles. On pense qu'il y a un trou noir au centre de chaque galaxie.

Les étoiles se regroupent souvent pour former des galaxies. Il en existe des milliers de formes et de tailles diverses. La belle traînée laiteuse que l'on observe les nuits d'été est **la Voie lactée,** la galaxie à laquelle appartient notre système solaire.

Observer et conquérir l'espace

Les hommes développent des outils de plus en plus perfectionnés pour mieux connaître l'espace.

Depuis les années 1950, des milliers de **fusées** ont quitté la Terre. Composées de plusieurs étages, elles emportent des hommes et des satellites dans l'espace et ne sont utilisables qu'une seule fois.

Sur Terre

Les télescopes optiques captent la lumière des objets célestes grâce à des miroirs. Ils sont souvent installés en altitude où la pollution et les perturbations atmosphériques sont moins importantes. Le VLT du Chili est l'un des plus puissants.

Les radiotélescopes, qui sont de grandes antennes paraboliques, perçoivent les ondes radio émises par les objets célestes. Au Nouveau-Mexique (États-Unis), le VLA est composé de 27 paraboles.

Dans les observatoires, **les astronomes** analysent les informations fournies par les télescopes terrestres ou spatiaux et font de savants calculs sur ordinateurs.

Pourquoi déployer autant de moyens ?

Par curiosité scientifique. Les hommes veulent comprendre comment s'est formé l'Univers, connaître ses composants, évaluer son avenir. Bref, découvrir le maximum de choses sur cette immensité qui nous entoure.

Pour trouver une vie extraterrestre. En 1977, la sonde Voyager a emporté un message adressé aux extraterrestres. Par ailleurs, le programme d'écoute pour une intelligence extraterrestre SETI n'a toujours rien donné.

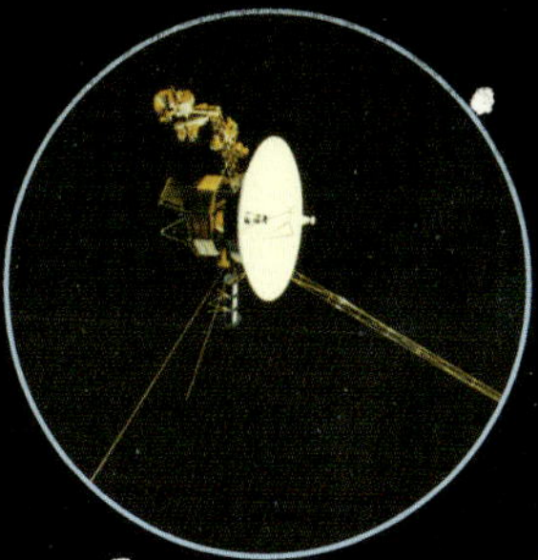

Les sondes spatiales tournent autour de la Terre ou voyagent dans notre système solaire. Équipées de capteurs, elles ont étudié toutes les planètes sauf Pluton. Lancée en 1997, la sonde Cassini-Huygens a abordé Saturne en 2004.

Le satellite Hubble est **un télescope optique** situé à 610 km d'altitude : il ne subit donc pas les perturbations de l'atmosphère et offre des images plus nettes que les télescopes terrestres.

La navette spatiale américaine décolle comme une fusée et atterrit comme un avion, après avoir tourné autour de la Terre. Elle transporte des hommes qui font des expériences et réparent les satellites.

Va-t-on coloniser Mars ?

Peut-être dès 2030. Le voyage et le séjour dureront environ 2-3 ans, ce qui risque d'être long pour les astronautes. Sur Mars, installés dans une gigantesque station, les hommes tenteront d'exploiter les ressources de la planète (fer, potassium, calcium) et surtout l'eau glacée enfouie sous sa surface. En attendant, des astronautes s'entraînent à bord de la Station spatiale internationale et en 2001, une équipe de scientifiques a installé une base martienne sur l'île de Devon (Arctique canadien) dont les conditions climatiques et l'environnement sont très proches de ceux de Mars.

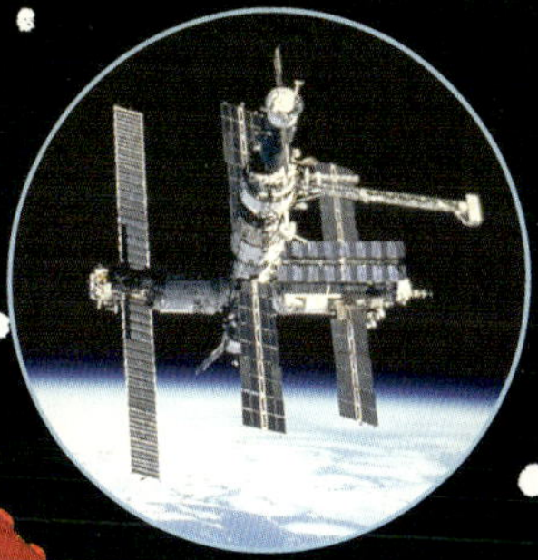

Pendant près de 15 ans, **la station spatiale** soviétique Mir a hébergé de nombreux astronautes qui se sont relayés à son bord. Aujourd'hui, la Station spatiale internationale (ISS) a pris la relève.

Pour exploiter des ressources naturelles, comme le fer des astéroïdes ou l'énergie du Soleil. Cela pourrait être intéressant pour les hommes, qui surexploitent les ressources de la Terre.

Pour sauver l'humanité : dans 5 milliards d'années, avant de mourir, le Soleil grossira au point d'engloutir la Terre. D'ici là, il faudra peut-être s'être installé sur une autre planète.

C'est par avion, bateau, camion que l'on transporte **les différents morceaux de la fusée** qui sont assemblés dans un hall proche de l'aire de décollage.

Au sol, des centaines de personnes (ingénieurs, techniciens...) participent à l'aventure spatiale. Dans **la salle de contrôle,** au décollage de la fusée, des ordinateurs suivent le déroulement des opérations.

le Petit doKéo

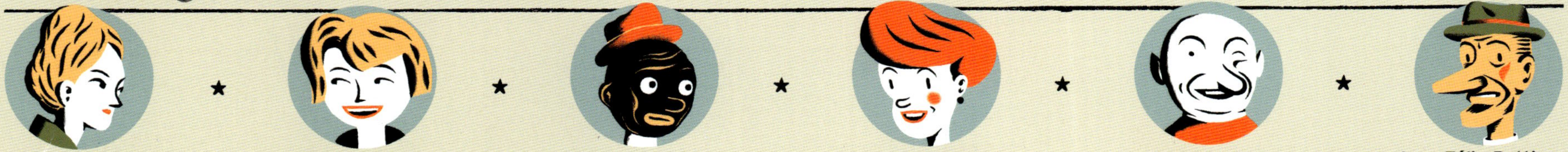

Ella Raison, rédactrice en chef
Édith Moitout, interviewveuse
Isidore Jamais, reporter-photographe
Anna-Lyse Poussé, analyste
Jean Rigole, dessinateur
Jean-Félix Pottins, rédacteur de brèves

Édito

L'ISS (Station spatiale internationale, en français) est un immense vaisseau de 400 tonnes, qui tourne en orbite autour de la Terre à 400 km d'altitude. De nombreux pays (États-Unis, Russie, France, Japon, Canada...) participent à sa construction et assemblent les pièces de ce grand puzzle.

Ella Raison

Jean Rigole

À bord de **l'ISS**

Quand l'ISS sera finie en 2006, un équipage de sept astronautes (américains), cosmonautes (russes) ou spationautes (français) vivra dans la station pendant 6 mois, avant d'être relayé. Voici un aperçu de leur vie à bord.

À bord de la station, les astronautes sont des gens comme les autres : ils mangent, dorment, font leur toilette... Mais à cause de l'apesanteur, ils boivent avec une paille leurs 3 litres d'eau quotidiens et s'attachent avec des sangles lorsqu'ils sont au lit.

L'interview d'Édith

Marco Hermann est médecin à l'Agence spatiale européenne.

Comment devient-on astronaute ?
Il faut d'abord passer les tests de sélection à la NASA ou à l'Agence spatiale européenne (ESA). Autrefois réservés aux militaires, ils sont aujourd'hui ouverts aux civils. Un très haut niveau d'études scientifiques est nécessaire. Il faut aussi avoir de bonnes connaissances techniques et médicales, une excellente santé physique et mentale, un bon esprit d'équipe et, bien sûr, ne pas être claustrophobe.

En bref...

Touriste astronaute En 2001, l'homme d'affaires américain Tito était le premier « touriste de l'espace ». Il paya 20 millions de dollars une semaine de vacances à bord de l'ISS, où il se fit le plus discret possible pour ne pas gêner les astronautes.

Ravitaillement
L'ISS est ravitaillée depuis la Terre par des vaisseaux spatiaux (comme les vaisseaux russes Progress télécommandés depuis la Terre). Ils apportent du carburant, des pièces de rechange, des équipements, du matériel scientifique, mais aussi la nourriture et l'eau nécessaires aux astronautes. Les nouveaux équipages sont acheminés par une navette américaine.

Jean-Félix Pottins

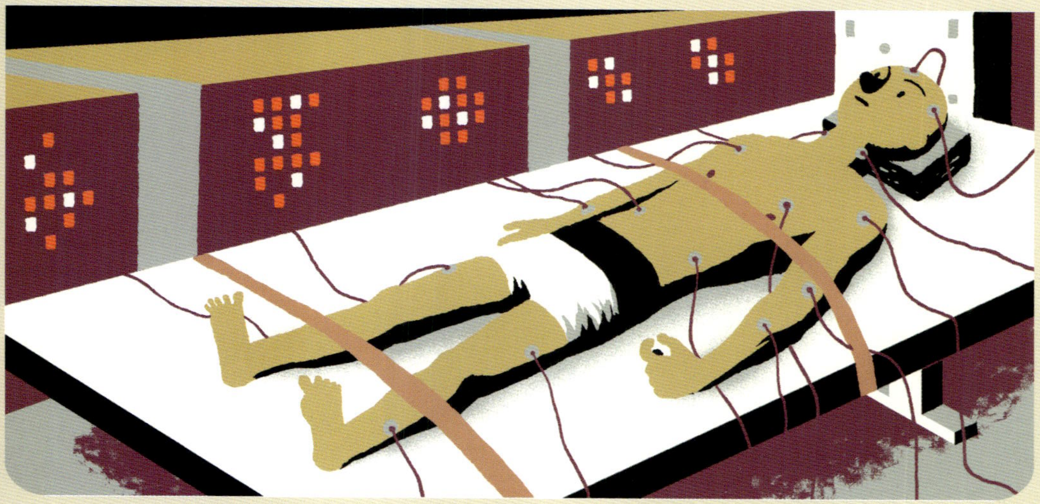

Dans leurs appartements-laboratoires, les astronautes réalisent des expériences infaisables sur la Terre et tentent de mettre au point de nouveaux matériaux ou médicaments. Ils étudient ainsi les effets de l'apesanteur sur le corps humain afin de rendre possibles les futurs vols spatiaux vers Mars dont la durée est évaluée à six mois.

L'apesanteur n'est pas l'amie du corps humain ! Il faut s'y habituer et au début, les astronautes souffrent souvent du « mal de l'espace ». Autre conséquence : les muscles (dont le cœur) « fondent ». Les astronautes doivent faire du sport (vélo, rameur...) 2 heures par jour pour les entretenir.

Les astronautes jouent aux mécaniciens de l'espace, reliés par un câble à la station. Leur scaphandre pressurisé leur apporte chaleur et oxygène et les protège des rayonnements nocifs. Mais pas facile de faire des gestes précis en état d'apesanteur !

Isidore Jamais

Et combien de temps dure cet « apprentissage » ?
Cinq années, durant lesquelles l'apprenti astronaute suit des cours théoriques et pratiques, et entretient sa forme physique. Des stages de survie sont organisés, en forêt ou en mer Noire, par exemple. Les astronautes s'habituent aussi à l'apesanteur par des exercices en piscine ou en centrifugeuse. Des simulateurs de réalité virtuelle recréent les conditions de vie de la Station.

« En sortant de l'école
nous avons rencontré
un grand chemin de fer
qui nous a emmenés
tout autour de la terre
dans un wagon doré

Tout autour de la terre
nous avons rencontré
la mer qui se promenait
avec tous ses coquillages
ses îles parfumées... »

En sortant de l'école
de Jacques Prévert, 1946

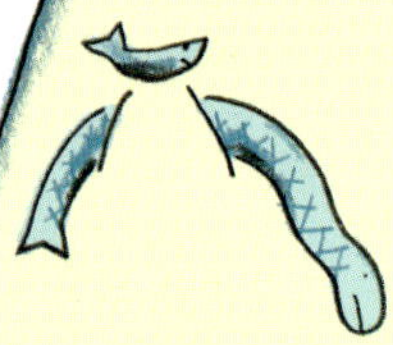

Quand les dieux sont en colère contre les hommes, ils choisissent souvent le déluge pour s'en débarrasser ! Zeus, par exemple, fit tomber la pluie tant et tant que tous les êtres humains furent engloutis par les flots. Tous, sauf deux : Deucalion et sa femme Pyrrha. Leurs cœurs étaient purs et Zeus les épargna. Ils construisirent un bateau et survécurent. Quand les eaux se dégagèrent, le bateau s'échoua au sommet du mont Parnasse. Zeus accepta alors qu'ils repeuplent la Terre. Ça ne te rappelle pas l'histoire de l'arche de Noé ? Les dieux sont comme ça : ils s'énervent et puis après, ils passent l'éponge.

Un jour, l'assemblée des dieux japonais demanda aux deux jeunes dieux Izanagi et Izanami de créer le monde. Tous deux en furent ravis. Sur l'arc-en-ciel qui formait un pont céleste au-dessus de l'océan, ils réfléchirent à leur création. Izanagi plongea sa lance d'or dans l'eau et la remua. L'écume se densifia et forma la première île. Izanagi et Izanami l'habitèrent et mirent au monde de nombreux enfants, dieux à leur tour. Mais deux d'entre eux se fâchèrent : Amaterasu, la déesse du Soleil, et Susanoo, le dieu des Tempêtes. La Terre fut plongée dans l'ombre jusqu'au jour où Amaterasu accepta de reparaître. Depuis ce temps, le Soleil et les Tempêtes ne se rencontrent plus jamais.

La Terre

La déesse du Blé, Déméter, avait une fille nommée Perséphone. Hadès, le dieu des Enfers, l'enleva car il voulait l'épouser. Déméter, folle de douleur, partit en quête de sa fille et finit par découvrir son ravisseur. Hadès et Déméter conclurent alors un marché : Perséphone pourrait vivre avec sa mère six mois de l'année. À cette période correspond le printemps, lorsque les graines du blé sortent de terre et mûrissent. Mais quand Perséphone rejoint Hadès aux Enfers, en automne, le blé est mort et ses grains retournent sous la terre. Depuis, semailles après moissons, les saisons se succèdent.

La Terre a longtemps été mystérieuse pour les hommes. Aujourd'hui, explorée sous toutes ses coutures, elle nous a révélé beaucoup de ses secrets. Toujours capricieuse, elle se laisse encore aller à quelques fureurs : pour nous rappeler que nous devons la respecter ?

Popocatépetl et Iztaccihuatl s'aimaient. Mais c'était la guerre et le père d'Izta ne voulait donner sa fille qu'à celui qui sauverait le pays. Popocatépetl partit se battre. On raconta qu'il avait péri au combat. Izta en mourut de chagrin, ignorant que ce n'était qu'une mauvaise rumeur. À son retour, Popocatépetl fit construire deux immenses pyramides. Il coucha Izta en haut de la première et s'installa sur l'autre, une torche à la main, pour veiller sur son sommeil. La neige recouvrit les deux amoureux, mais la flamme de Popocatépetl brille toujours... Iztaccihuatl et Popocatépetl sont deux volcans du Mexique, et tu viens de lire la légende de leur naissance.

Notre vaste Terre

Notre planète est une grosse boule rocheuse. Nous l'avons compris au fil des siècles, après l'avoir imaginée plate, et après avoir entrepris bien des voyages sur les terres et les mers.

4e siècle av. JC
Alexandre le Grand va jusqu'en Inde avec ses armées.

4e siècle av. JC
Le marin grec **Pythéas** parcourt les mers jusqu'en Angleterre.

1275/14e siècle
Marco Polo arrive en Chine par la terre, **les navigateurs arabes** par la mer.

1492
Christophe Colomb traverse l'Atlantique et découvre l'Amérique.

1522
Un des navires de **Magellan** fait le tour du monde. La Terre est bien ronde !

1909/1911
L'Américain **Peary** atteint le pôle Nord, le Norvégien **Amundsen** le pôle Sud.

Cette drôle de carte du 11e siècle représente les contours de la Méditerranée. Les représentations de la Terre furent longtemps imprécises et en partie imaginaires.

On croyait que **des monstres marins** peuplaient les mers les plus lointaines.

Nos ancêtres pensaient que la Terre était plate. Ils craignaient que les voyageurs qui s'aventuraient trop loin tombent dans un trou. Il y a 2 600 ans, le savant grec Pythagore avait bien supposé que notre planète était ronde, mais son idée tomba aux oubliettes. Ce n'est qu'au 16e siècle, avec les premières expéditions autour du globe, que l'on eut la certitude que la Terre était ronde. Peu à peu, on en explora toute la surface.

Aujourd'hui, nous n'avons plus de grands territoires inconnus à découvrir ! Mais toutes sortes de techniques et de véhicules nous permettent de connaître de mieux en mieux notre planète, d'aller dans ses lieux les moins accessibles : les régions polaires, les déserts, les plus hauts sommets ou les forêts tropicales à la végétation très dense.

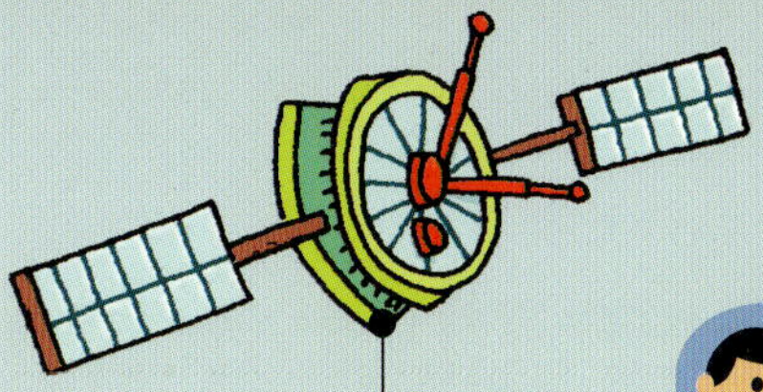

Est-on allé dans tous les recoins de la Terre ?

Non, quelques petits territoires très reculés demeurent quand même hors de tout contact avec le monde moderne : une parcelle de forêt amazonienne, un îlot, un coin de désert... Certains sont inhabités, d'autres peuplés par de petits groupes humains qui se sont adaptés aux conditions difficiles. Ces lieux ont encore bien des mystères à nous livrer, des millions de plantes, d'animaux à nous faire découvrir...

Dans les années 1960, les hommes voient pour la première fois **la Terre photographiée par des satellites.**

Tout autour du Soleil

Notre planète est une grosse boule qui file dans l'espace à 100 000 km/h et fait le tour du Soleil en 365 jours. Elle tourne aussi sur elle-même en 24 heures.

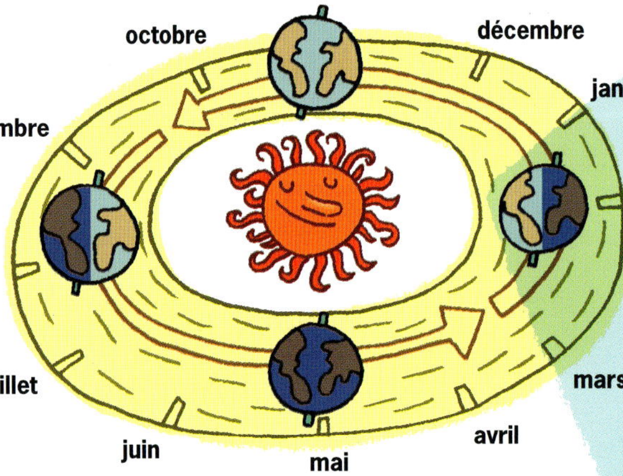

La Terre penche de 23,5 degrés par rapport à la verticale. Voilà le secret des saisons. En effet, selon la position de la Terre par rapport au Soleil, le Nord et le Sud ne reçoivent pas la même quantité de rayons solaires et donc de chaleur. En février, c'est l'hiver au Nord et l'été au Sud, qui est « tourné » vers le Soleil. En août, c'est l'inverse. La Terre a parcouru la moitié de sa rotation autour du Soleil. C'est l'été au Nord, « tourné » vers le Soleil, et l'hiver au Sud.

En février dans l'hémisphère Sud

Les rayons frappent à la verticale l'hémisphère Sud : c'est l'été.

En février dans l'hémisphère Nord

Dans le Nord, les rayons arrivent inclinés : c'est l'hiver.

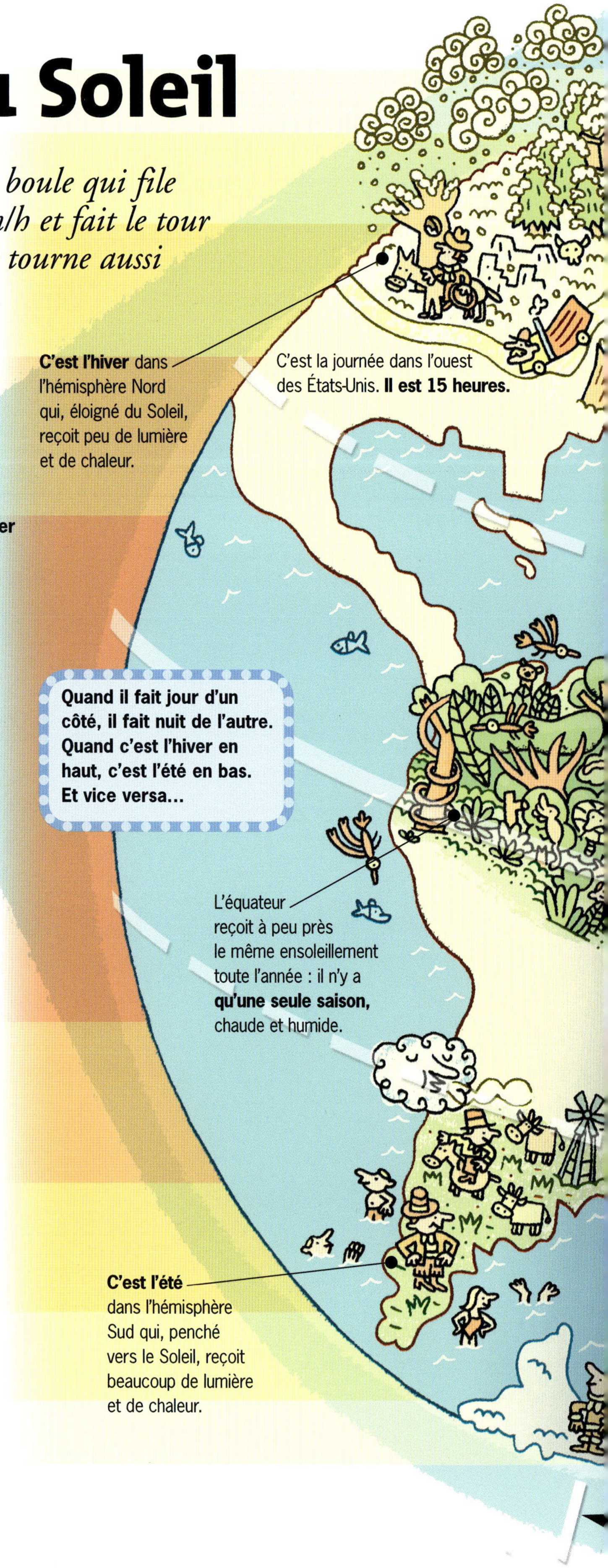

Combien mesure la Terre ?

Sur l'équateur, la ligne qui sépare les hémisphères Nord et Sud, le tour de la Terre est de 40 024 km, soit environ quarante fois la distance entre Lille et Marseille ! Mais si on mesure le tour de la Terre en suivant une ligne passant par les pôles, la valeur est un tout petit peu plus faible car notre planète n'est pas tout à fait ronde : elle est légèrement aplatie aux pôles.

Le matin, le Soleil monte dans le ciel, l'après-midi, il descend et disparaît derrière l'horizon. Aurait-il la bougeotte ? Non, le Soleil ne bouge pas. C'est la Terre qui tourne sur elle-même en 24 heures et fait naître le jour et la nuit : le jour pour ceux qui sont dans la moitié de notre planète éclairée par le Soleil, la nuit pour les autres. Et comme la Terre n'arrête pas de tourner, le jour et la nuit se succèdent constamment.

Une planète de roche et de feu

Le mont Saint Helen's, un volcan de l'ouest des États-Unis, crache **un nuage de cendres.**

Notre planète est vivante : elle bouillonne, bouge et crache de ses volcans des panaches de lave et de fumée. Faisons un voyage sous et sur la croûte terrestre, à la rencontre des roches, des océans, des continents…

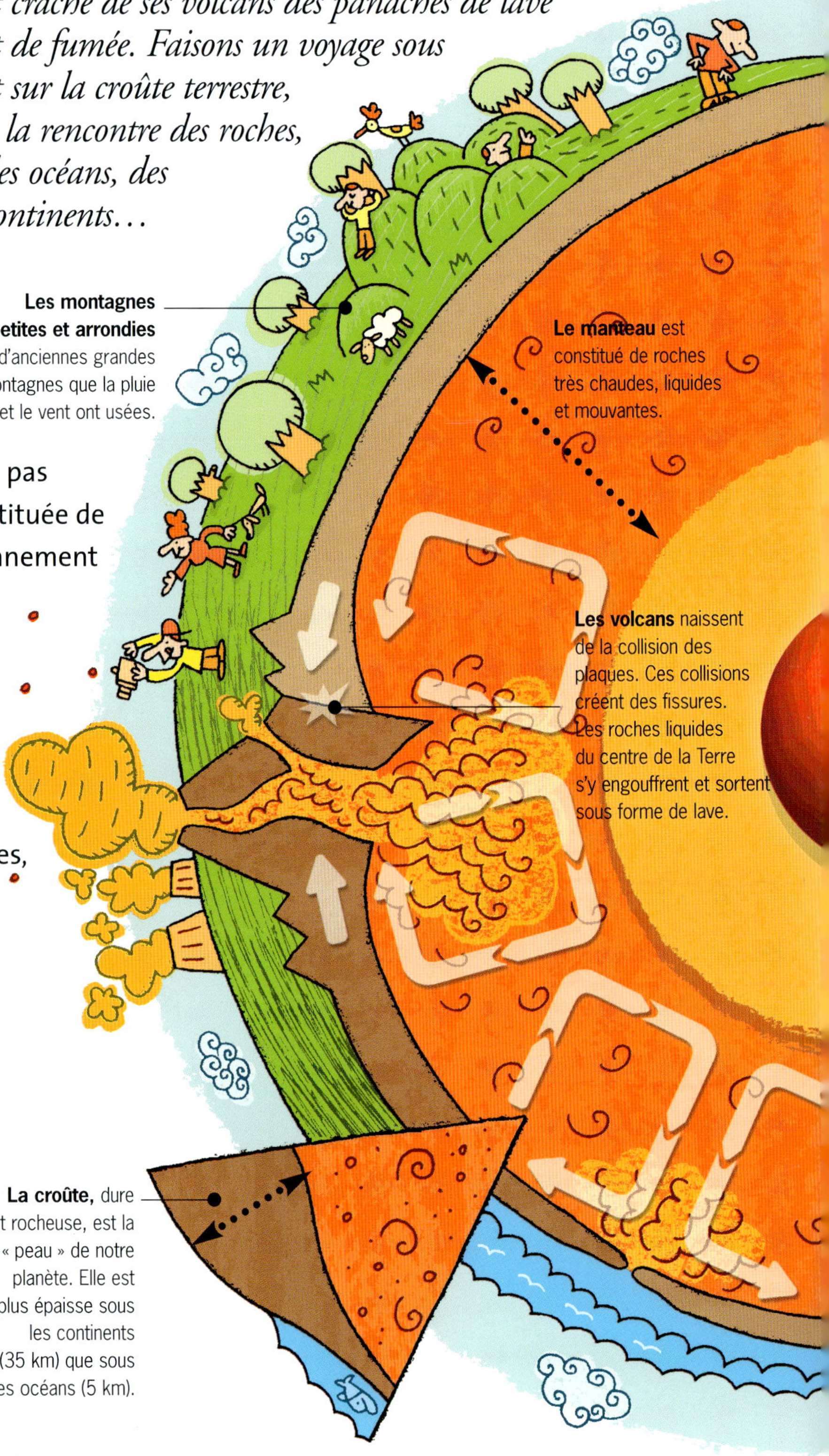

La surface de la Terre n'est pas immobile. La croûte terrestre est constituée de plusieurs plaques. À cause du bouillonnement des roches situées au cœur de notre planète, ces plaques se déplacent les unes par rapport aux autres. Elles ne bougent que de quelques centimètres par an, mais sur de très longues périodes, ces séparations ou ces chocs donnent naissance aux failles, aux montagnes, aux volcans...

infos chiffrées

4 km, c'est la plus grande profondeur à laquelle l'homme s'est enfoncé vers le centre de la Terre. Cela s'est passé dans une mine, en Afrique du Sud.

13 km, c'est la taille du trou le plus profond creusé par l'homme dans la croûte terrestre : un forage en Russie.

6 000 °C, c'est la température qui règne au centre de la Terre.

Lorsque deux plaques s'écartent l'une de l'autre, **d'immenses failles se forment.** La plupart sont au fond des océans.

Quand deux plaques entrent en collision, les roches se plissent, s'écrasent et se soulèvent. **Ainsi naissent les montagnes.**

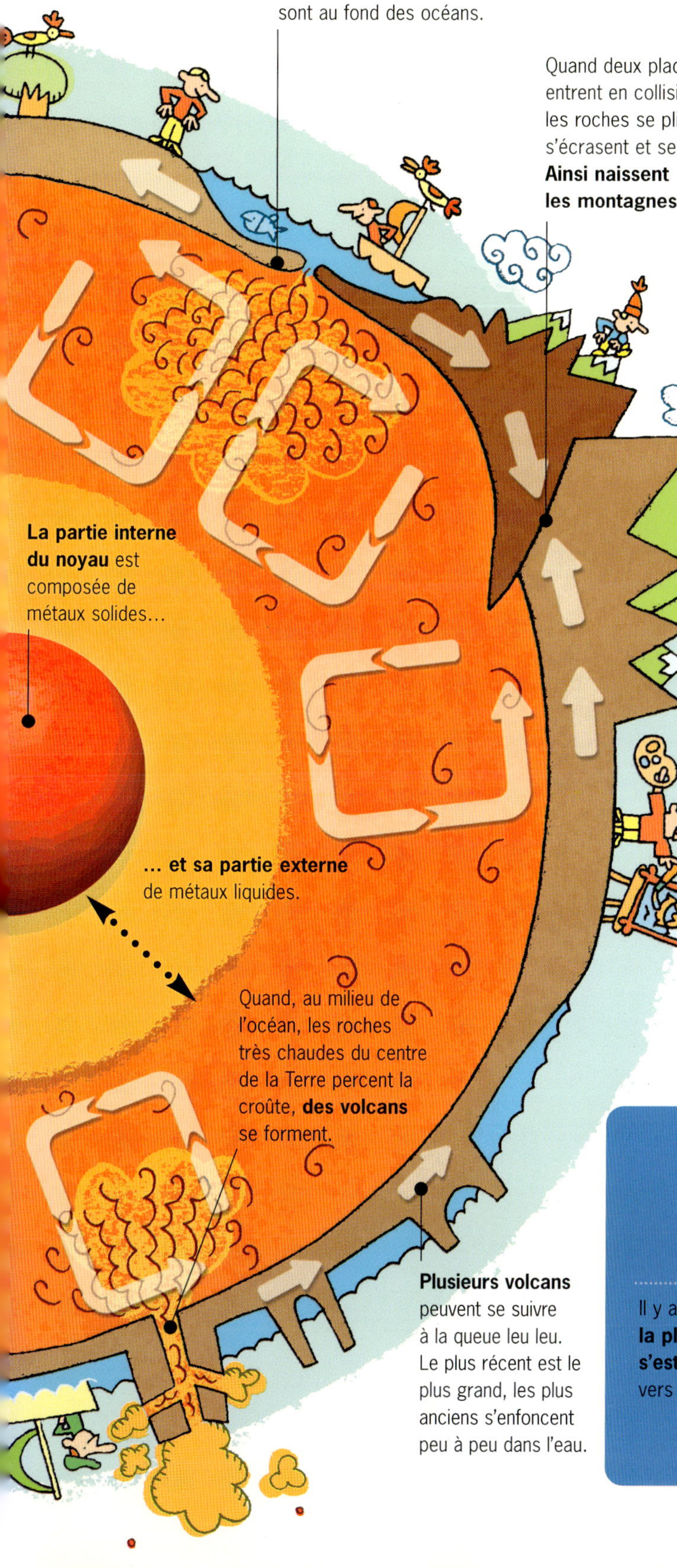

La partie interne du noyau est composée de métaux solides…

… et sa partie externe de métaux liquides.

Quand, au milieu de l'océan, les roches très chaudes du centre de la Terre percent la croûte, **des volcans** se forment.

Plusieurs volcans peuvent se suivre à la queue leu leu. Le plus récent est le plus grand, les plus anciens s'enfoncent peu à peu dans l'eau.

La faille de San Andreas mesure plus de 1 000 km de long.

En Californie, deux plaques se déplacent parallèlement l'une à l'autre, mais en sens inverse. Elles créent **la faille de San Andreas** et provoquent de terribles tremblements de terre.

Un des sommets de la chaîne des montagnes de **l'Himalaya.**

Il y a 70 millions d'années, **la plaque portant l'Inde s'est mise en mouvement** vers la plaque asiatique.

Il y a 15 millions d'années, **ces plaques sont entrées en collision, faisant naître l'Himalaya.** Aujourd'hui, elles continuent à s'écraser l'une contre l'autre, et l'Himalaya grandit toujours !

le Petit doKéo

INTERNATIONAL

Ella Raison,
rédactrice en chef

Édith Moitout,
intervieweuse

Isidore Jamais,
reporter-photographe

Anna-Lyse Poussé,
analyste

Jean Rigole,
dessinateur

Jean-Félix Pottins,
rédacteur de brèves

Édito

L'Antarctique est une grande île qui englobe le pôle Sud. Elle n'appartient à personne. C'est une réserve naturelle internationale pour la paix et la science. Seuls des chercheurs de toutes nationalités y habitent une partie de l'année.

Ella Raison

Jean Rigole

L'Antarctique : terre de science

Suivons Isidore Jamais sur la base française Dumont d'Urville où une trentaine de personnes vivent et étudient. C'est une ville miniature avec ses laboratoires, son restaurant, son petit coin cinéma et sa grosse infirmerie.

7 h. Le soleil d'hiver brille déjà comme en plein jour. Jeanne et Norbert se rejoignent pour un copieux petit déjeuner. Il faut prendre des forces car il fait – 15 °C dehors !

Des manchots qui pêchent.

8 h. Jeanne et Norbert partent observer les manchots empereurs. Ce sont de drôles d'oiseaux incapables de voler, mais qui nagent aussi bien que des poissons.

L'interview d'Édith

Daniel Gelet est un scientifique qui creuse la glace à la recherche de l'histoire de notre planète.

Que cherchez-vous dans la glace ?
Des bulles d'air emprisonnées. Sous nos pieds est entassée de la neige tombée et accumulée durant des centaines de milliers d'années ! En la creusant profondément, on retrouve de très vieilles bulles d'air.

Que racontent ces bulles ?
Elles nous permettent de découvrir quelle était la composition de l'atmosphère il y a très longtemps. On en

En bref...

Des otaries ont été contaminées par un virus du poulet. On rappelle à tous les visiteurs qu'il ne faut laisser aucun déchet derrière soi !

Record de vent et de froid au cours de l'hiver dernier. Le blizzard a soufflé à 300 km/h et la température au centre de l'Antarctique est descendue à - 90 °C. Gla-Gla !

Français et Italiens construisent Concordia, une base de recherche à 1100 km de la base Dumont d'Urville. Le froid rend ce chantier difficile. Il devrait être achevé vers 2005.

Jean-Félix Pottins

11 h. Les manchots se laissent facilement approcher. Une chance pour nos chercheurs, qui essayent de comprendre comment ces animaux survivent par des froids si extrêmes.

15 h. Norbert étudie les prélèvements de sang effectués sur les manchots. Jeanne relit ses observations et les compare à celles d'autres chercheurs dans le monde.

déduit le temps qu'il faisait et les climats de notre planète avant l'homme de Neandertal.

Il y a plus de 500 000 ans ?
Oui, lorsque les hommes chassaient avec des armes en bois et en pierre.
On a découvert des climats plus froids qu'aujourd'hui.
Les glaciers recouvraient alors l'Europe du Nord et le Sahara n'était pas un désert. Il abritait de nombreuses plantes et des animaux comme les girafes ou les éléphants.

20 h. Dans la grande salle commune, on se retrouve pour discuter. Il y a Jeanne, mais aussi Adélaïde qui étudie l'atmosphère, Bashir qui profite du ciel très pur pour observer les étoiles, et Daniel qui analyse la glace à la découverte des climats du passé.

Isidore Jamais

La carte

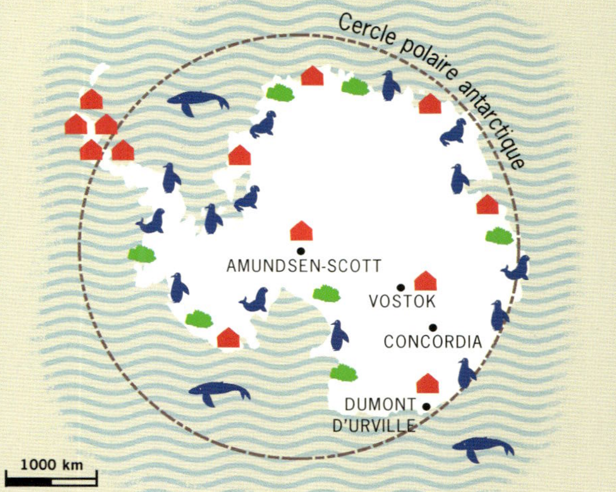

Les animaux et les plantes se concentrent sur les côtes, où il fait un peu moins froid que dans les terres.

Manchots, phoques, oiseaux de mer...
Lichens, mousses.
Bases de recherche.

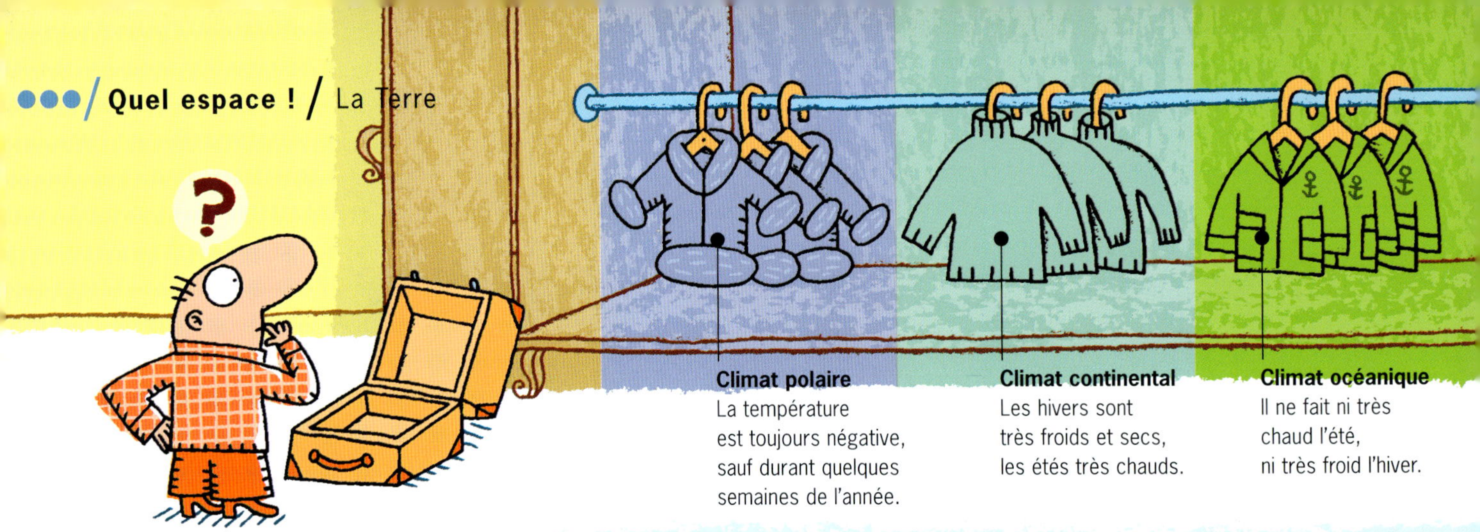

Tous les climats de la Terre

Chaud, froid, avec ou sans vent, sec ou pluvieux. Le temps change selon l'endroit de la Terre où l'on se trouve.

Océanique, méditerranéen, semi-continental, montagnard. En France, il y a **quatre climats !**

En Asie, il pleut énormément plusieurs mois par an. C'est **la mousson.**

Le climat méditerranéen existe aussi **en Californie,** dans l'ouest des États-Unis, et **en Australie !**

Le climat est le temps qu'il fait dans une région tout au long de l'année. De lui dépendent la végétation et les animaux que l'on trouve dans chaque endroit de la planète, tout comme la manière dont les hommes vivent, ce qu'ils mangent, comment ils s'habillent. On différencie huit grands climats sur l'ensemble de la Terre. Bien sûr, la limite entre deux zones climatiques n'est pas toujours très nette. À certains endroits, comme en France, on ressent l'influence de plusieurs climats.

anecdote

Quand l'océan fait la pluie et le beau temps

New York, aux États-Unis, et Porto, au Portugal, sont sur la même latitude, c'est-à-dire à la même distance de l'équateur. Il devrait donc y faire le même temps. Pourtant, en hiver, il y a toujours de la neige à New York et presque jamais à Porto. C'est qu'un courant froid marin refroidit New York et qu'un courant chaud réchauffe Porto. Sacré océan !

Climat méditerranéen
Il fait doux l'hiver, chaud et sec en été.

Climat aride et désertique
Il fait très chaud la journée et parfois très froid la nuit. Il pleut très peu.

Climat tropical
Il fait très chaud. L'année est coupée en deux : une saison sèche et une saison humide, très pluvieuse.

Climat équatorial
Il n'y a pas de saisons. Le temps est le même tous les jours de l'année : chaud et humide.

Climat montagnard
L'hiver est très froid, avec beaucoup de neige et de glace.

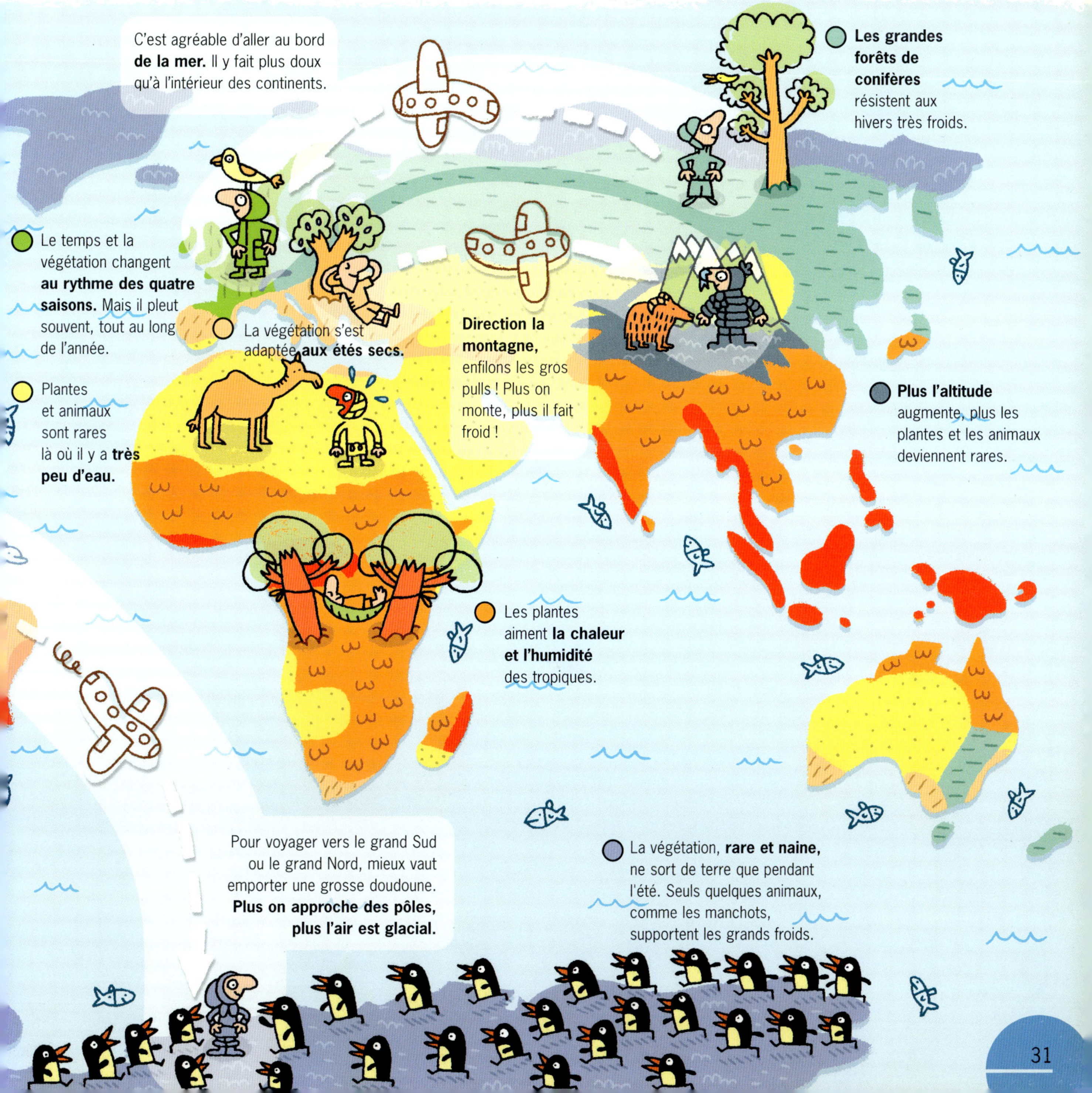

Terre de contrastes

Voici deux régions dont les climats sont opposés : le désert du Sahara, en Afrique, et la forêt équatoriale d'Amazonie, en Amérique du Sud.

Les déserts sont faits de dunes de sable mais aussi de grandes étendues de pierres, de montagnes et d'oasis. Il y fait très chaud et les pluies y sont rares. Pourtant, des êtres vivants réussissent à y vivre : les plantes, en récupérant l'humidité nocturne et en puisant l'eau profondément dans le sol ; les animaux, en vivant surtout la nuit et en s'abritant du soleil pendant la journée.

Dans une oasis, la végétation pousse grâce à la présence d'un point d'eau, à la surface ou dans le sous-sol peu profond. La plupart des oasis sont cultivées.

Les dunes sont de petites montagnes de sable formées par le vent. Leurs formes varient : allongées, en étoile, en croissant…

Les antilopes sont parmi les seuls grands animaux à résister à la chaleur du désert.

Les populations nomades du désert voyagent sur des dromadaires et vivent dans des tentes, faciles à transporter.

Les serpents se déplacent en se soulevant pour ne pas se brûler le ventre.

Avec leurs grandes oreilles, le fennec, le lièvre et la souris du désert évacuent la chaleur. **Avec leurs grandes pattes,** ils sautent sur le sable brûlant.

La première petite pluie fait verdir les herbes et les petits buissons. Mais la plupart du temps, cette végétation reste **jaune et sèche.**

Pendant la journée, **le scorpion** se réfugie sous des pierres ou dans de petits terriers.

Le Sahara

- **Superficie :** 1/4 de l'Afrique ou 15 fois la France.
- **Particularité :** le plus grand désert chaud de la planète.
- **Températures :** plus de 50 °C l'été.
- **Pluies :** quelques averses dans l'année.

De grands arbres solitaires dépassent de la forêt, atteignant parfois 70 m de hauteur. Les oiseaux prédateurs vivent dans ces cimes.

La forêt amazonienne

- **Superficie :** 2/5e de l'Amérique du Sud ou 14 fois la France.
- **Particularité :** abrite les plus puissants fleuves et rivières de la planète.
- **Températures :** de 25 à 28 °C toute l'année.
- **Pluies :** 200 jours de pluies abondantes par an.

La partie supérieure de la forêt, baignée de lumière, s'appelle **la canopée.** C'est là que vivent le plus grand nombre d'animaux.

Le centre de la forêt est un enchevêtrement de troncs, de lianes et de feuillage.

Les forêts équatoriales

sont des forêts chaudes et très humides. La vie y est exubérante. C'est là que vivent le plus grand nombre d'espèces végétales et animales. Ces forêts sont constituées de plusieurs « étages » où chaque animal et chaque plante ont réussi à s'adapter pour vivre. Malheureusement, beaucoup de forêts équatoriales sont détruites pour l'exploitation de leur bois ou pour être transformées en plantations.

Il fait très sombre au pied des grands arbres car la végétation est si dense qu'elle laisse passer peu de lumière.

Une planète d'eau

De toutes les planètes du système solaire, la Terre est la seule où la vie a pu se développer. Quel est le secret de ce miracle ? L'eau ! Elle est présente partout et dans tous ses états.

Dans le ciel, la vapeur se condense et forme des nuages. Poussés par le vent, **ils transportent l'eau** sur des centaines de kilomètres.

Les barrages produisent de l'électricité.

L'air que nous respirons est plus ou moins humide : il contient de la vapeur, c'est-à-dire **de l'eau à l'état gazeux.**

Les trois quarts de l'eau qui s'évapore retombent sur les mers et les océans. Le reste arrose les continents.

L'eau est une grande voyageuse qui ne cesse de se déguiser. Elle quitte la mer à l'état liquide pour se retrouver gazeuse dans l'air puis retomber sous forme de glace dans la montagne. Là, son périple continue, elle redevient liquide, coule sur le sol, dans les fleuves et les rivières, et rejoint la mer, son point de départ. Tout au long de ce cycle, l'eau profite aux organismes vivants. Elle est le constituant principal des plantes et des animaux, dont nous, les êtres humains, et elle nous est indispensable pour vivre. Nous l'utilisons à chaque instant, pour boire, arroser, produire de l'électricité... L'eau est précieuse !

Sous la chaleur du soleil, l'eau de la mer, des lacs et des rivières, du sol et des plantes **s'évapore dans l'air** sous forme de vapeur.

Une partie de la pluie s'infiltre dans le sol et forme des rivières et des réserves d'eau souterraines, appelées **nappes phréatiques.**

Les nuages sont formés de micro-gouttelettes en suspension qui retombent ensuite sous forme de pluie, de grêle ou de neige.

Une partie de la pluie coule sur la terre et rejoint les lacs, les fleuves et les océans. On dit qu'**elle ruisselle.**

Des réserves d'eau sont stockées **dans des châteaux d'eau**.

La glace et la neige sont de **l'eau à l'état solide.** Elles recouvrent les paysages en hiver et, toute l'année, les plus hauts sommets des montagnes.

L'eau permet de faire pousser des légumes, des fruits. Quand il ne pleut pas assez, il faut **arroser.**

En bouteille ou coulant du robinet, **l'eau à l'état liquide** fait partie de notre vie de tous les jours. Dans la nature, elle forme la pluie, les fleuves, les océans…

Et si l'eau disparaissait…

… les plantes mourraient car elles ne peuvent survivre sans eau.

… la surface de la Terre deviendrait **un désert** comme celle de la Lune ou de Mars.

… il n'y aurait plus ni hommes ni animaux. La Terre serait **une planète sans vie.**

Mers et océans

On connaît bien les bords de mer, mais les grandes profondeurs des océans cachent de nombreux secrets. Plongée en eau bleu nuit…

Dans les marais salants, le sel de la mer est récupéré. On le retrouve ensuite dans nos assiettes.

Des plates-formes pétrolières pompent le pétrole du sous-sol marin grâce à de gros tuyaux. Elles sont situées au niveau du plateau continental, là où il y a peu de profondeur.

Les vagues naissent sous le souffle du vent. Près des côtes, elles se brisent, formant rouleaux et écume.

La pente tout près des côtes est très riche en végétaux, en coraux et en poissons. C'est là que les poissons se nourrissent et se reproduisent.

Le littoral est la frontière entre la terre et la mer. Il est formé de plages, de dunes, de falaises…

Les petits poissons vivent en groupe (en « banc ») afin de mieux se défendre.

Les records des mers et des océans

- **L'océan Glacial Arctique,** situé autour du pôle Nord, est le plus froid.
- **La mer d'Aral** est en grande partie asséchée. On a trop pompé l'eau des rivières qui l'alimentaient.
- **L'océan Atlantique** est traversé par le plus fort courant marin, le Gulf Stream.
- **La mer Méditerranée** est la plus grande mer de la planète.
- **La mer Morte** est extrêmement salée. Aucune vie ne peut s'y développer.
- **L'océan Pacifique** est le plus grand de tous les océans.

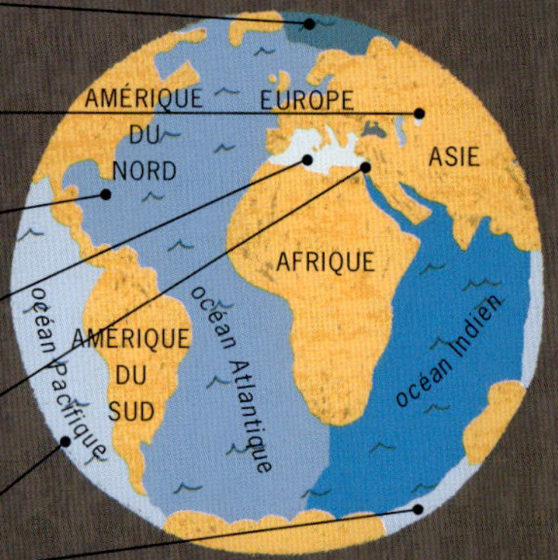

Le plateau continental est situé à proximité des côtes. C'est le prolongement direct des terres émergées. Sa profondeur dépasse rarement les 200 mètres.

Le talus continental ressemble à une gigantesque falaise sous la mer. Il descend en pente raide vers les grandes profondeurs sous-marines.

71 % de la surface de la Terre sont recouverts par les mers et les océans. Les océans sont vastes et s'étendent d'un continent à l'autre ; les mers, plus petites, sont situées près des côtes. Des millions de bateaux les parcourent en tous sens pour pêcher, voyager ou transporter des marchandises. Les bords de mer sont très peuplés. C'est dans les faibles profondeurs, tout près des rivages, que se concentre la vie végétale et animale : algues, coraux, poissons… Les grands fonds sont quant à eux encore inexplorés. Ils recèlent des paysages spectaculaires composés de plaines immenses et de reliefs vertigineux.

Les navires de commerce transportent 70 % des marchandises échangées sur la planète. Les pétroliers, en nettoyant leurs cuves en pleine mer ou en faisant naufrage, déversent des tonnes de pétrole dans les océans.

Les baleines, les dauphins, les thons et les autres grands animaux marins parcourent de grandes distances.

Une île volcanique est un volcan né sous la mer et qui sort la tête de l'eau.

Les hommes ne peuvent pas respirer sous l'eau. Ils doivent plonger avec **des bouteilles remplies d'air.**

Un scaphandre est une combinaison rigide alimentée en air qui permet de descendre jusqu'à plusieurs centaines de mètres.

Sur la plaine abyssale s'élèvent des montagnes et des cônes d'où s'échappent des gaz.

Les navires qui ont coulé se transforment en **épaves**. Elles servent de refuge aux poissons.

Un sous-marin est un navire capable de naviguer sous l'eau, jusqu'à plusieurs milliers de mètres de profondeur.

Les fosses océaniques sont des zones très profondes. La plus grande s'enfonce jusqu'à 11 km sous la surface !

Une dorsale est une chaîne de montagnes traversées par une fissure. Des roches en fusion venues de l'intérieur de la Terre s'en échappent.

Une faille apparaît quand le fond de l'océan se casse.

La plaine abyssale est une immense étendue, située jusqu'à 4 000 mètres sous la surface.

Même à 3 000 ou 4 000 mètres de profondeur, on trouve des êtres vivants, surtout près des volcans, car la température y est plus élevée.

le Petit doKéo

Ella Raison, rédactrice en chef ★ Édith Moitout, intervieweuse ★ Isidore Jamais, reporter-photographe ★ Anna-Lyse Poussé, analyste ★ Jean Rigole, dessinateur ★ Jean-Félix Pottins, rédacteur de brèves

Édito

Les grands fonds des océans sont encore mal connus, car, situés à plusieurs milliers de mètres sous la surface, ils sont très difficiles à atteindre. Seuls quelques sous-marins très sophistiqués peuvent accéder à ces paysages obscurs et mystérieux.

Ella Raison

Jean Rigole

Voyage au fond des océans

Le *Nautile* est un sous-marin de l'Ifremer*. Embarqué sur son bateau porteur, il part pour une mission scientifique.

*** L'Ifremer est un institut français de recherche sur la mer.**

Trois personnes s'installent dans le *Nautile*. Le pilote et le copilote vont conduire le sous-marin pendant qu'un scientifique va faire les observations et choisir les échantillons à collecter au fond de l'océan.

L'interview d'Édith

Édith Moitout a rencontré Charles Tuba, un biologiste spécialisé dans l'étude des abysses.

Des animaux peuvent-ils vivre dans les grandes profondeurs des océans ?
Oui, jusqu'à plusieurs milliers de mètres, on trouve de petits poissons. Tous sont carnivores, c'est-à-dire qu'ils se nourrissent exclusivement d'autres poissons. Aucune algue à leur menu, car, dans ces profondeurs ténébreuses, la végétation ne pousse pas.

À quoi ressemblent-ils ?
Ils ont souvent de gros yeux qui leur permettent de voir

Le scoop

Certains sportifs plongent sans bouteille jusqu'à 160 mètres de profondeur ! Ils refont surface après être restés trois minutes sans respirer. N'essayez pas de les imiter ! C'est très dangereux. Seuls des sportifs entraînés peuvent tenter pareil exploit.

En bref...

Hommes-poissons

Les scientifiques peuvent aussi étudier les fonds marins en plongeant avec des bouteilles d'air. Mais pas question d'explorer les grandes profondeurs, car l'organisme humain ne peut y survivre.

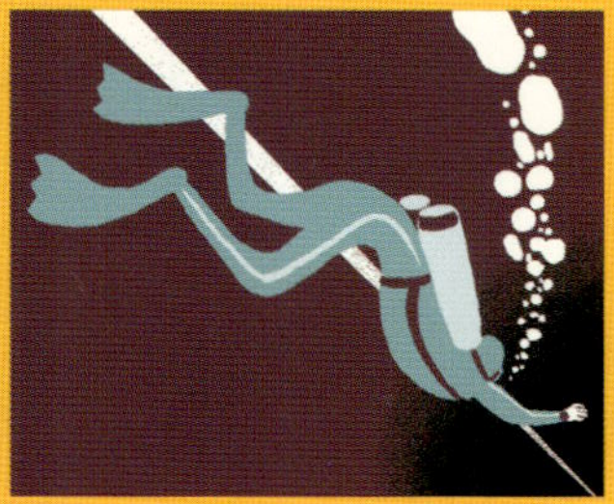

Précieux nodules

« Remonter les nodules riches en métaux du fond des océans coûte encore trop cher », a déclaré la société Profundis. Mieux vaut continuer à extraire le fer, le nickel et le cuivre de la terre ferme. **Jean-Félix Pottins**

Le sous-marin plonge dans une fosse océanique. Il peut descendre jusqu'à 6 000 mètres de profondeur. Ses puissantes lumières éclairent le fond obscur de l'océan.

Le *Nautile* prélève des gaz qui s'échappent du fond. Il collecte également des nodules. Ce sont des boules très dures qui seront peut-être un jour exploitées pour les nombreux métaux qu'elles contiennent.

Opération réussie ! Le sous-marin est hissé sur le navire. Une équipe de techniciens coordonne les manœuvres. Les données et les échantillons recueillis vont maintenant être analysés... Peu à peu, les fonds marins livrent leurs secrets. **Isidore Jamais**

dans l'obscurité presque totale qui règne en dessous de 1 000 mètres. La plupart ont également une grande bouche armée de grandes dents... Ils ne doivent pas rater les rares proies qu'ils croisent.

Ce sont donc des chasseurs très actifs ?
Non, au contraire, ils vivent au ralenti. Comme la nourriture n'est pas très abondante, ils ne doivent pas trop se fatiguer pour conserver leurs forces.

Une planète d'air

Parmi les planètes du système solaire, seule la Terre possède une atmosphère, une couche d'air protectrice qui a permis à la vie de se développer. Prenons-en soin !

L'atmosphère est une masse d'air qui enveloppe la Terre jusqu'à 700 km d'altitude. L'air y est constitué d'azote (à 78 %), d'oxygène (à 21 %) et d'autres gaz en faible quantité (gaz carbonique, hydrogène, méthane, ozone...). L'air devient de plus en plus rare à mesure qu'on s'élève. L'atmosphère régule la température à la surface de notre planète grâce à l'effet de serre. Elle filtre également des rayons solaires mortels, les ultraviolets. Sans atmosphère, la vie n'existerait pas !

L'hétérosphère

Bientôt **l'espace !** Ici, l'air est très rare.

Les météorites sont des cailloux qui voyagent dans l'espace. Elles sont brûlées et détruites en entrant dans l'atmosphère.

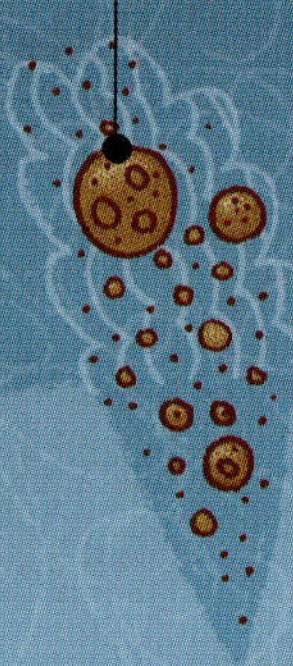

La mésosphère

Cette couche nous protège **des météorites** qui brûlent en formant des « étoiles filantes ».

La stratosphère

Ici, **l'ozone** absorbe les rayons ultraviolets.

À forte dose, **les rayons solaires ultraviolets** sont mortels. Heureusement, ils sont détruits par un gaz présent dans la stratosphère : l'ozone.

La troposphère

C'est dans la couche inférieure de l'atmosphère que naissent **le vent, les nuages et la pluie.**

Grâce à l'atmosphère, qui régule la température et filtre les rayons solaires nocifs, **les êtres humains, les animaux et les plantes** peuvent vivre sur la Terre.

700 km

– 1 200 °C

La température de l'atmosphère passe par **des bas et des hauts.** Elle chute, remonte un peu, puis baisse considérablement avec l'altitude.

Les satellites tournent entre 400 et 1 500 km.

Les navettes spatiales effectuent souvent des missions à 400 km d'altitude.

80 km

– 90 °C

48 km

0 °C

Les ballons-sondes montent jusqu'à 30 km d'altitude.

16 km

– 56 °C

Les avions volent jusqu'à 12 km au-dessus de nos têtes.

L'Everest, la plus haute montagne de la Terre, s'élève à moins de 9 km.

Depuis deux siècles, les hommes abîment considérablement l'atmosphère. Chauffages, usines, avions, bateaux, voitures crachent des gaz et des poussières, et cette pollution, que nous respirons, cause de graves maladies. Certains de ces gaz renforcent également l'effet de serre et participent sans doute au réchauffement de notre planète. D'autres enfin, utilisés il y a quelques années dans les réfrigérateurs et les bombes aérosols (celles qui font «pschiit»), ont détruit une partie de la couche d'ozone qui nous protège des rayons ultraviolets.

Et si l'atmosphère disparaissait…

… **les rayonnements ultraviolets** (UV) tueraient les humains, les animaux et les plantes.

… la température moyenne serait de **– 18 °C,** car il n'y aurait plus d'effet de serre.

… la température grimperait jusqu'à **100 °C** la journée et descendrait à **– 150 °C** la nuit.

Les rizières et les vaches rejettent également des gaz qui participent au réchauffement de la planète.

L'atmosphère piège une partie de la chaleur due au soleil et se réchauffe comme l'air dans une serre de jardinier. C'est pourquoi on appelle ce phénomène **l'effet de serre.**

Les bombes aérosols sont aujourd'hui inoffensives, mais elles ont longtemps abîmé la couche d'ozone.

Les véhicules et les usines dégagent des gaz polluants, notamment du gaz carbonique.

La météorologie

Pluie, soleil, vent ? Pour prévoir le temps des jours à venir, on utilise les technologies les plus modernes. Visite guidée d'un centre météorologique.

Chaque matin, on écoute le bulletin météo à la radio, et on sait quels vêtements enfiler. Facile ! Et pourtant, la préparation de ces informations a demandé un travail fou. Des centaines de personnes ont collecté et interprété des milliers d'observations sur terre, en mer et dans les airs. Ces mesures ont ensuite été analysées par de puissants ordinateurs, capables de traiter jusqu'à 300 milliards d'opérations à la seconde. Enfin, les prévisionnistes ont interprété toutes ces données avec leur expérience, et un brin d'intuition. Ne leur demandez tout de même pas de prévoir le temps au-delà de sept jours ! C'est impossible, l'atmosphère de notre planète est bien trop changeante.

Quels souffles !

Force 0
« Temps calme », pas de vent.

Force 2
« Légère brise », les feuilles frémissent.

Force 4
« Jolie brise », les drapeaux claquent.

Force 7
« Grand frais », il est difficile de marcher.

Force 10
« Tempête », des arbres sont déracinés.

Force 12
« Ouragan », les voitures et les toits des maisons s'envolent.

Les satellites photographient la terre, les nuages et mesurent la température des océans.

Le centre météorologique analyse des informations venant de toute la planète. Afin de prévoir le temps pour les heures et les jours à venir, on y travaille 24 heures sur 24.

infos chiffrées

70 °C, c'est le record de chaleur, atteint au Sahara !

- 92 °C, c'est la température la plus basse jamais atteinte, relevée en Antarctique.

320 km/h, c'est le vent le plus fort, qui a aussi été enregistré en Antarctique.

1,87 m d'eau, c'est la hauteur de pluie tombée en deux jours sur l'île de la Réunion en 1952 !

Des bulletins météorologiques sont conçus dans le centre météorologique. Ils sont ensuite diffusés par la radio, la télévision, le téléphone ou encore Internet.

Si le temps est vraiment mauvais, il est trop dangereux de s'envoler, de partir en mer ou en montagne. Pour beaucoup de gens, les prévisions météo sont donc indispensables. Pour d'autres, elles sont simplement utiles pour décider de ce qu'ils vont mettre dans leur valise avant de partir en week-end !

Les fureurs de la Terre

Quand la Terre craque ou crache des roches en fusion, quand le vent ou la pluie se déchaînent, que peut-on faire ? Peu de choses, si ce n'est tenter de prévoir ces catastrophes.

Les êtres humains ne peuvent arrêter les fureurs de la planète. Ils savent seulement suivre le trajet des tempêtes et des inondations et se mettre à l'abri lorsqu'elles approchent, ou fuir les éruptions volcaniques quelques heures avant leur déclenchement. Beaucoup de catastrophes sont donc inévitables. D'autres sont en revanche provoquées par l'imprudence des hommes. C'est le cas des feux de forêts, des coulées de boue ou de certaines avalanches.

Construire ou couper des arbres sur une pente fragilise le sol. Dans les pays où il pleut beaucoup, l'eau peut alors emporter la terre et créer **des coulées de boue.**

Quand le vent souffle fort, il est très difficile d'arrêter **un feu de forêt.** On fait alors appel à des avions qui puisent de l'eau dans la mer et la jettent sur les flammes.

Les avalanches sont de grandes quantités de neige qui se détachent de la montagne. Elles peuvent être provoquées par des skieurs imprudents.

métier...

volcanologue

Le volcanologue étudie les volcans. Il les surveille, les filme, retrace leur histoire. Il collecte et analyse les laves, les gaz et les roches volcaniques. Son but est de comprendre les causes des éruptions et de prévoir le moment où ces étranges montagnes cracheront de nouveau du feu. Ainsi, les populations peuvent être averties à temps du danger.

Au-dessus des mers chaudes, dans les régions tropicales, l'eau peut créer un courant d'air chaud qui se transforme en un vent tourbillonnant, appelé **cyclone.** Il emporte tout sur son passage : voitures, arbres, maisons...

Les tremblements de terre peuvent éventrer une route, faire s'écrouler un pont ou un immeuble. On ne peut pas prévoir leur déclenchement. Dans les régions à risques, les maisons sont conçues pour résister aux séismes. Certaines sont par exemple construites sur des sortes de ressorts.

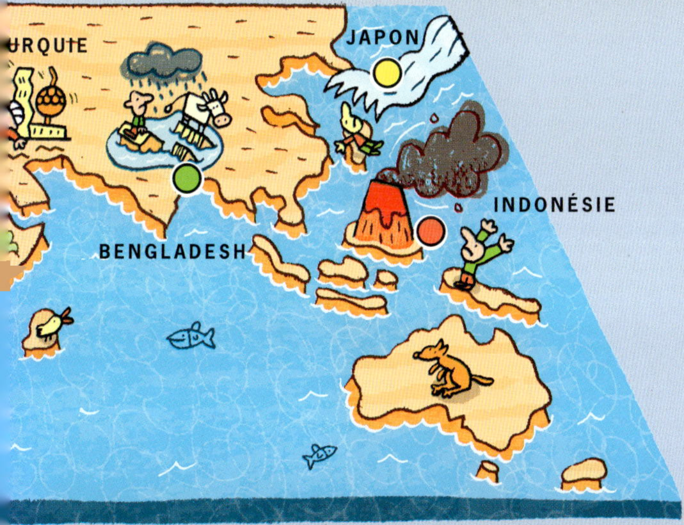

Les tsunamis sont de gigantesques vagues provoquées par des tremblements de terre sous-marins. Ils sont assez rares et se produisent surtout dans l'océan Pacifique.

Lorsqu'il pleut beaucoup ou que la glace des montagnes fond, les fleuves peuvent déborder et inonder la terre. **Les inondations** sont fréquentes en Asie durant la mousson, une période de l'année où la pluie tombe en abondance.

Les volcans sont comme des soupapes pour notre planète. Ils laissent échapper les roches en fusion de l'intérieur de la Terre, crachent des laves, des pierres brûlantes, des gaz ou des cendres qui recouvrent alors le paysage. On les surveille, mais leurs éruptions se déclenchent parfois trop rapidement pour être devancées.

Quelle vie !

IL ÉTAIT UNE FOIS…

Quel dommage que les arbres ne montent pas jusqu'au ciel ! On raconte que cela n'a pas toujours été ainsi, qu'il y a très longtemps, les arbres étaient si grands qu'ils chatouillaient les nuages. Les enfants grimpaient jusqu'à leur sommet pour taquiner la voûte céleste. Mais celle-ci, fatiguée de leurs farces, décida de s'éloigner un peu plus de la Terre, si loin que plus aucun arbre ne put jamais l'atteindre. Depuis ce temps, les enfants doivent trouver d'autres terrains de jeux.

Que d'histoires, que de mystères se sont passés dans la forêt ! C'est là que Hansel et Gretel, abandonnés par leurs parents, ont découvert la maison de pain d'épice habitée par la sorcière. Là que Merlin l'Enchanteur et la fée Viviane préparaient leurs tours de magie. Ou que le Petit Chaperon rouge rencontra le loup sur le chemin de chez sa grand-mère et que Blanche-Neige, perdue, s'est réfugiée dans la maison des sept nains. Tout peut arriver dans les sous-bois ! Des plus heureuses aux plus inquiétantes rencontres…

Tu connais peut-être le narcisse, cette fleur aux longues feuilles et aux pétales jaunes ou blancs. Mais as-tu déjà entendu parler de celui qui lui a donné son nom ? Dans la mythologie grecque, Narcisse était un jeune homme d'une incroyable beauté. Lui ne le savait pas, car il ne s'était jamais vu dans un miroir. Solitaire, il passait son temps à se promener dans les forêts et les montagnes. Un jour, fatigué de sa longue marche, il se pencha au-dessus d'une fontaine pour y boire. C'est alors que l'eau lui refléta son image… Il se perdit à jamais dans la contemplation de sa propre beauté. Narcisse prit racine au bord de la fontaine et se transforma peu à peu en fleur, celle qui porte aujourd'hui son nom.

Les plantes

> Il était une feuille avec ses lignes (…)
> Il était une branche au bout de la feuille (…)
> Il était un arbre au bout de la branche (…)
> Il était des racines au bout de l'arbre (…)
> Au bout des racines il était la terre. »

Il était une feuille de Robert Desnos, 1942

Immobiles, elles n'en sont pas moins vivantes. Comme toi, elles respirent, se nourrissent, grandissent… Comme toi encore, elles sont rusées et savent s'adapter. Utiles et belles, les plantes sont essentielles à la vie. Au point de pouvoir nous soigner.

Imagine un jardin sublime, avec des arbres majestueux, des fleurs multicolores, des fruits exquis… Là, dans le jardin d'Eden, vivaient Adam et Ève. Ils y étaient heureux. Leur nudité leur paraissait naturelle. Dieu leur avait permis de manger tous les fruits du jardin, sauf ceux de l'Arbre de la Connaissance. Mais un jour, Ève rencontra le serpent. Il lui dit qu'en mangeant le fruit défendu, elle deviendrait l'égale de Dieu. Ève succomba à la tentation et entraîna Adam. Le malheur s'abattit sur eux. Ils eurent soudain honte d'être nus : ils avaient perdu l'innocence ! Dieu les chassa du jardin et ils allèrent peupler le monde.

Les plantes en familles

Une multitude de plantes poussent sur la Terre. Pour s'y retrouver, on les classe par grandes familles. Promenons-nous parmi les sapins, les fleurs, les champignons…

Les plantes, comme les animaux, sont des êtres vivants. Les plus petites sont minuscules, les plus grandes sont hautes comme un immeuble de trente étages. Certaines vivent dans l'eau, d'autres dans les déserts arides ou tout en haut des montagnes. Au total, les scientifiques et les amoureux de la nature ont recensé 320 000 espèces de plantes, des herbes les plus ordinaires aux arbres majestueux, des champignons vénéneux aux fleurs colorées et parfumées. Selon leurs caractéristiques, toutes ces plantes forment quatre grands groupes : les plantes à fleurs, celles sans fleurs, les champignons et les conifères.

Les champignons

Sans fleurs ni racines, les champignons sont formés d'un pied surmonté d'un chapeau. Ils poussent rapidement, souvent dans des lieux humides. Ils se nourrissent d'autres organismes vivants ou morts.

Les conifères

On appelle conifères les arbres dont les fruits ont la forme de cônes. Leurs feuilles ressemblent en général à des aiguilles ou des écailles et ne tombent pas toutes en automne. Les conifères sont aussi appelés résineux, car ils fabriquent de la résine, une substance collante.

Les algues

Ces plantes n'ont ni tige, ni racines. Elles vivent dans l'eau, à condition qu'assez de lumière y pénètre, ou dans des lieux très humides. Elles sont rouges, brunes, bleues ou vertes.

Les fougères

Les plus petites ne mesurent que quelques centimètres, les plus grandes peuvent atteindre 30 mètres. Elles n'ont pas de fleurs, mais une multitude de feuilles.

Les mousses

Les mousses sont composées d'un grand nombre de petites tiges serrées les unes contre les autres. Elle aiment les endroits humides et protégés du soleil, comme les sous-bois.

Les plantes sans fleurs

... mais **l'amanite tue-mouche** et **l'amanite phalloïde** contiennent des poisons mortels.

Crocus muguet, iris, violettes, coquelicots... Beaucoup de plantes fleurissent au printemps.

Les graines **du chêne** sont contenues dans ses glands.

Les plantes à fleurs

Dans ce grand groupe, on trouve aussi bien les feuillus (tous les arbres qui perdent leurs feuilles en automne) que les herbes et les plantes cultivées (blé, riz...). Toutes ces plantes donnent des fleurs. Leurs graines, protégées par des fruits, leur permettent de se reproduire.

Les fruits de **la vigne,** le raisin, permettent de faire du vin.

Les nénuphars poussent sur l'eau.

La vie d'un arbre

Il faut des années pour qu'un petit pépin de pomme devienne un grand et bel arbre. Voici, au fil des saisons, l'histoire de la vie d'un pommier…

Comme toutes les plantes, les arbres naissent, grandissent, se reproduisent et meurent. Sous les climats tempérés comme celui de la France, la vie d'un arbre est rythmée par les saisons. Chaque année, les arbres fruitiers fleurissent puis forment des fruits abritant des graines. Un pommier produit ainsi des centaines de graines, mais seules quelques-unes donneront naissance à de nouveaux arbres.

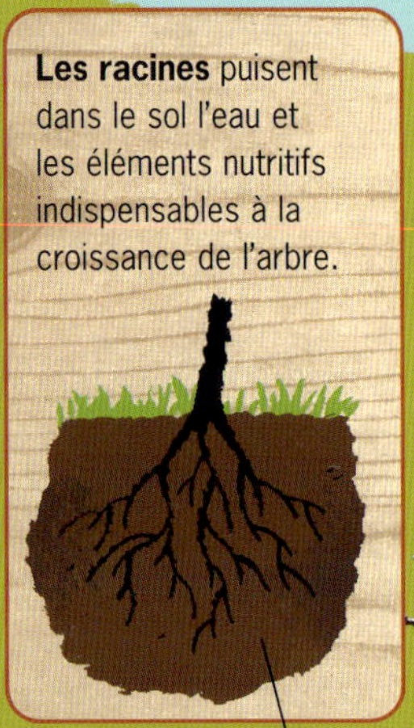

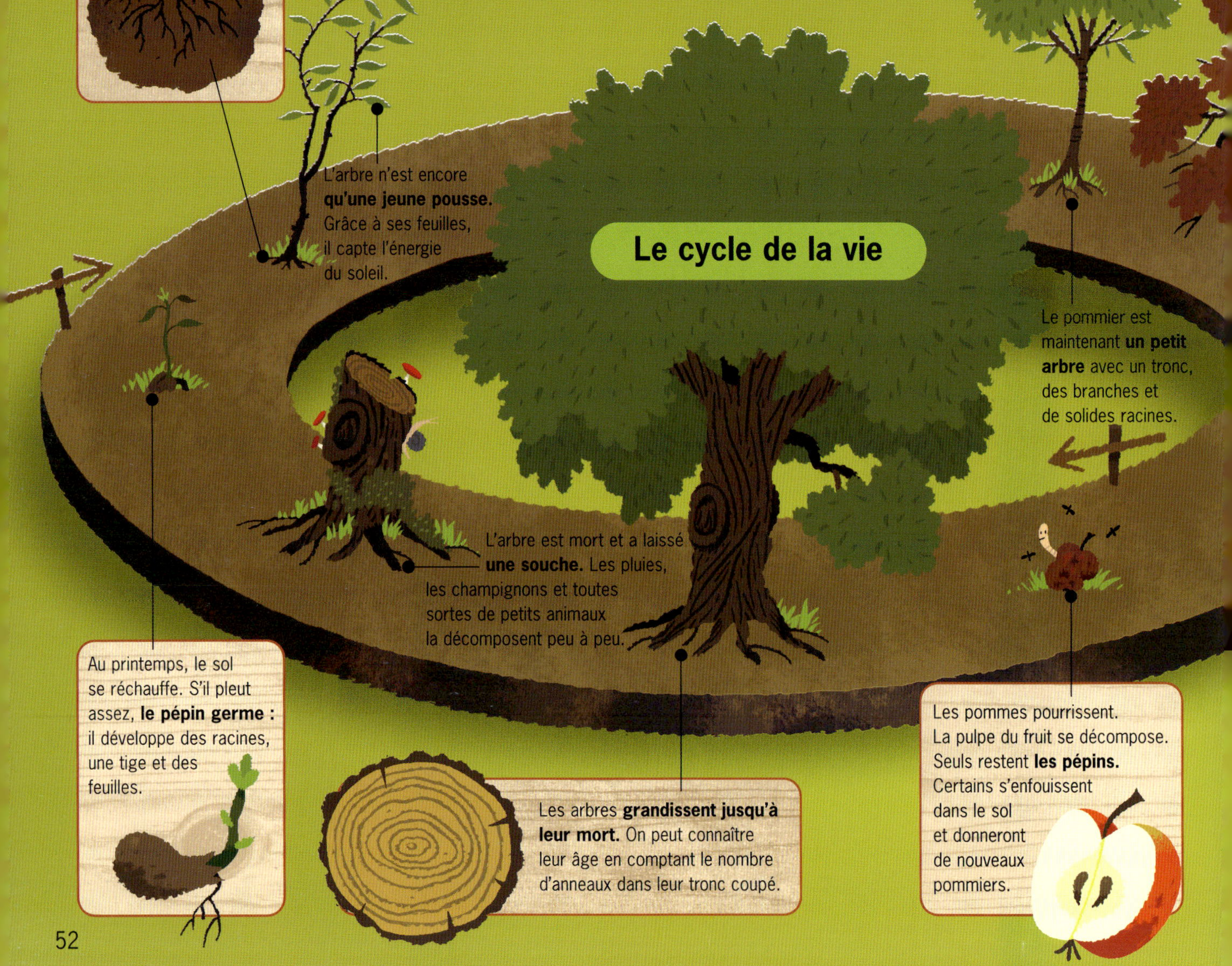

Le cycle des saisons

C'est l'hiver.
L'arbre est sans feuilles. Il n'est pas mort, il est juste « endormi ». Il se réveillera avec le réchauffement du printemps.

L'hiver, **le bourgeon** est bien protégé par une carapace. Au printemps, il s'ouvre, donne une feuille ou une fleur, qui elle-même se transformera en fruit.

Les feuilles tombent sur le sol. Elle fertilisent la terre autour des racines, apportant de la nourriture à l'arbre pour l'hiver.

C'est l'automne.
Les dernières pommes tombent. Les feuilles sèchent et rougissent.

Les insectes récoltent le nectar, une substance sucrée. En passant de fleur en fleur, ils transportent le pollen. Celui-ci permet à l'arbre de fabriquer de nouvelles pommes et de se reproduire.

C'est le printemps.
Le pommier se couvre de feuilles et de fleurs, dont la couleur et le parfum attirent les insectes.

C'est l'été.
L'arbre se couvre de pommes. Selon l'espèce du pommier, à mesure qu'elles mûrissent, les pommes restent vertes ou deviennent jaunes, rouges…

Des fleurs naissent **les fruits.** Ils grossissent et abritent des graines (les pépins) qui donneront peut-être de nouveaux pommiers.

Trucs et astuces des plantes

Pas facile, la vie des plantes sur une planète pleine de dangers ! Heureusement, elles ont plus d'une ruse dans leurs racines, leurs feuilles et leurs jolies fleurs…

Dans la nature, les plantes ont beaucoup d'ennemis. Incapables de se déplacer, elles peuvent à tout moment être grignotées par un insecte ou broutées par un herbivore si elles se trouvent sur leur chemin. Alors, pour survivre, certaines ont mis au point des systèmes de défense ingénieux, voire très sophistiqués. Elles ont également réussi à s'adapter à des milieux extrêmes comme les déserts. Cette évolution s'est faite au cours de centaines de milliers d'années.

Dégoûter son ennemi…
Pour empêcher les antilopes de le brouter, l'acacia caffra fabrique dans ses feuilles du tanin, une substance très amère.

Appeler à l'aide…
Lorsqu'ils sont attaqués par les chenilles, le coton, le maïs et le tabac émettent une odeur qui attire de petites guêpes. Celles-ci s'empressent de tuer les chenilles et de les dévorer.

Piéger sa proie…
L'attrape-mouche de Vénus (la dionée) est une plante carnivore qui réussit à vivre sur des sols pauvres en se nourrissant d'insectes. Elle les attire dans ses feuilles par un délicieux nectar, les emprisonne et les dévore.

Passer l'hiver au chaud…
Les tulipes et les lis passent l'hiver dans le sol, recroquevillés dans leur bulbe. Au printemps, ils poussent de nouveau.

infos chiffrées

6 000 m,
c'est l'altitude à laquelle des fleurs réussissent à survivre, abritées dans les fentes des roches.

90 %, c'est la proportion d'eau dans le poids d'une feuille de plante grasse. Un bon stock contre la sécheresse !

1/5e de seconde,
c'est le temps qu'il faut à une plante carnivore pour se refermer sur sa victime.

Empêcher l'ennemi de se reproduire…
Le genêt produit une sorte de pilule contraceptive afin de limiter les populations de moutons qui adorent le brouter.

Empoisonner son ennemi…
Malheur à l'insecte qui grignote le millepertuis ! Il contient une substance chimique qui devient mortelle au premier rayon de soleil.

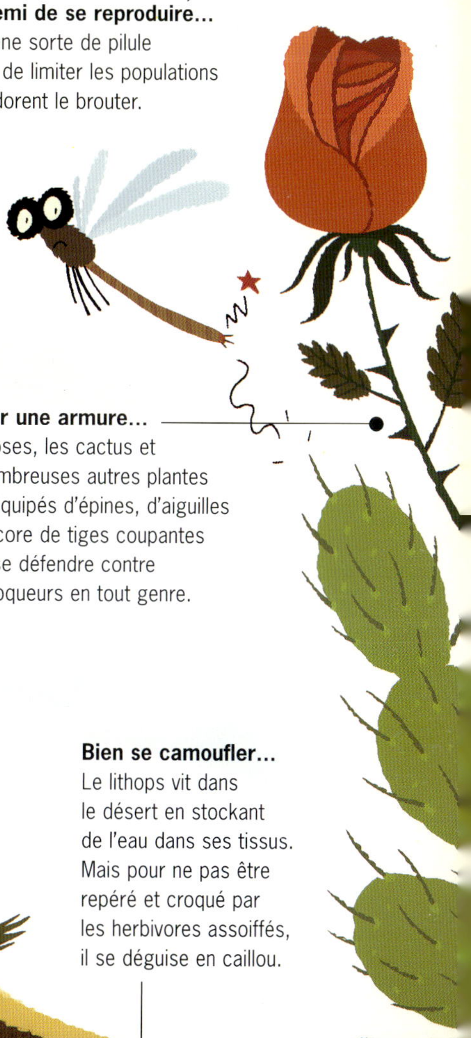

Enfiler une armure…
Les roses, les cactus et de nombreuses autres plantes sont équipés d'épines, d'aiguilles ou encore de tiges coupantes pour se défendre contre les croqueurs en tout genre.

Profiter de la moindre goutte d'eau…
Le *welwitschia mirabilis* survit à de très fortes chaleurs, jusqu'à 70 °C ! Il récupère l'eau des brouillards matinaux et enfonce ses racines jusqu'à 20 mètres de profondeur pour atteindre l'eau du sous-sol.

Bien se camoufler…
Le lithops vit dans le désert en stockant de l'eau dans ses tissus. Mais pour ne pas être repéré et croqué par les herbivores assoiffés, il se déguise en caillou.

le Petit doKéo

Ella Raison,
rédactrice en chef

Édith Moitout,
intervieweuse

Isidore Jamais,
reporter-photographe

Anna-Lyse Poussé,
analyste

Jean Rigole,
dessinateur

Jean-Félix Pottins,
rédacteur de brèves

Édito

Sans les plantes, la vie serait impossible. En plus de nous nourrir, d'être à l'origine d'une multitude d'objets et d'une grande partie de nos vêtements, elles nous permettent de nous soigner : 60 % de nos médicaments ont une plante pour origine. On peut dire un grand merci aux plantes !

Ella Raison

Jean Rigole

Les plantes nous soignent

Le scientifique Max Pilo parcourt la planète à la recherche de plantes. Son but ? En extraire des substances qui permettent de fabriquer des médicaments. Suivons-le dans un de ses voyages, à Madagascar.

Pour Tovo, guérisseur du village d'Andranavo, la forêt est une véritable pharmacie. Il y trouve toutes sortes de plantes qui lui permettent de soigner les gens de son village. Pour Max Pilo, le savoir de Tovo est précieux : il le met sur la piste de nouveaux médicaments.

L'interview d'Édith

Édith Moitout a interrogé l'ethno-botaniste Pascal Fringuet, un chercheur qui étudie comment les plantes sont utilisées par les différents peuples de la planète.

Depuis quand les hommes utilisent-ils les plantes ?
Depuis toujours. Ils ont commencé par les manger (herbes, graines, fruits…) puis en ont fait des armes et des outils (lances en bois, bâtons), des vêtements, des maisons. Enfin ils les ont cultivées ; les premières formes d'agriculture remontent à 8 000 ans avant J.-C.

Lexique

Les molécules sont les « briques élémentaires » qui forment tout ce qui existe sur la Terre, les plantes, les pierres, les animaux et même nous, les hommes !

Une société pharmaceutique est une entreprise qui fabrique et vend des médicaments.

En bref...

Les fonds marins

sont aussi inspectés par des équipes scientifiques depuis quelques années. Plusieurs coraux, algues et coquillages ont déjà donné naissance à de nouveaux médicaments.

Scandale ! La société pharmaceutique* Presbo veut déposer un brevet pour une plante indienne afin d'être la seule à toucher les bénéfices. Plusieurs associations s'indignent : tout le monde a le droit d'utiliser cette plante, comme le font les guérisseurs depuis des centaines d'années !

Jean-Félix Pottins

Tovo applique une pommade sur la plaie d'un homme du village. Il a aussi préparé une tisane pour sa femme qui a mal au ventre. Pour les villageois, le guérisseur est le « médecin de famille ».

Quelques semaines plus tard, Max Pilo rentre en Europe avec, dans ses valises, des plantes malgaches. Il a soigneusement noté le lieu où il les a trouvées. Dès son retour, il les classera et commencera à les étudier.

Les plantes sont analysées par de puissantes machines afin d'en extraire des molécules* agissant contre des maladies. Des tests sur des animaux puis sur des personnes volontaires permettront de vérifier leur efficacité.

Il y a quelques années, la pervenche de Madagascar a fourni une molécule contre le cancer. La nouvelle cueillette de Max Pilo permettra peut-être de mettre au point de nouveaux médicaments...

Isidore Jamais

Certains peuples continuent-ils à n'utiliser que des plantes dans leur vie quotidienne ? Pas exclusivement, car même les tribus d'Amazonie ou des forêts profondes de Papouasie-Nouvelle-Guinée se servent des objets de notre civilisation.

Pour eux, elles restent néanmoins essentielles ? Oui, comme nos ancêtres, ils tirent de la nature une grande partie de leur nourriture. Et pour eux, la forêt est la seule pharmacie à laquelle ils ont accès. Ils se soignent grâce à des dizaines de plantes différentes.

Vous préférez la médecine douce et vous voulez vous soigner avec des produits naturels ?

UTILISEZ LES PRÉPARATIONS MÉDIOOU.
DES MÉLANGES DE PLANTES POUR UNE FORME ET UNE GUÉRISON 100 % NATURE !

IL ÉTAIT UNE FOIS...

> « Quand un homme désire tuer un tigre, il appelle cela sport ; quand un tigre désire le tuer, il appelle cela férocité. »

George Bernard Shaw (1856-1950)

Selon un conte africain, Dieu demanda un jour aux animaux de choisir leur cadre de vie. Certains optèrent pour la mer, d'autres voulurent le ciel, d'autres encore se décidèrent pour la forêt… Seul le caméléon refusa de choisir un habitat fixe et unique : il voulait conserver une existence de nomade. D'accord, répondit Dieu. Et voilà pourquoi le caméléon aujourd'hui encore s'adapte à son milieu en changeant de couleur.

Dieu, dit-on dans la Bible, était si mécontent des humains qu'il décida de déclencher un immense déluge pour les engloutir sous les eaux. Seuls Noé, ses trois fils et leurs épouses trouvaient grâce à ses yeux. Dieu ordonna donc à Noé de construire un bateau en forme d'arche et d'y faire monter un couple de tous les animaux existants. Des pluies torrentielles noyèrent alors la planète, l'arche vogua 150 jours, puis l'eau se retira. Les animaux retrouvèrent la terre ferme. Ils se multiplièrent de nouveau et la vie reprit. Mais depuis, certaines de ces espèces ont disparu…

À la suite d'un naufrage, Lord Greystoke, un aristocrate anglais, sa femme et son jeune fils échouent sur la côte africaine. À la mort de ses parents, l'enfant est recueilli par Kala, une femelle gorille, qui va élever le petit humain dans la jungle au milieu des singes… C'est ainsi qu'en 1912 est né Tarzan, le seigneur de la jungle, sous la plume de l'écrivain anglais Edgar Rice Burroughs.

Les animaux

“Une fourmi de dix-huit mètres
Avec un chapeau sur la tête
Ça n’existe pas, ça n’existe pas.

Une fourmi traînant un char
Plein de pingouins et de canards
Ça n’existe pas, ça n’existe pas.

(...)
Eh ! Pourquoi pas ?”

La Fourmi de Robert Desnos, 1944

Avec ou sans pattes, dans l’eau ou dans les airs, tout gris ou colorés, microscopiques ou gigantesques : les animaux sont fascinants. Car ils sont les représentants différents de la Vie apparue des millions d’années auparavant. Et l’homme, alors, est-il vraiment un animal supérieur ?

Dans la Grèce antique, on raconte que la licorne est le croisement d’un âne et d’un rhinocéros. Sa corne soigne miraculeusement toutes les blessures. Au Moyen Âge, la licorne est devenue un cheval blanc aux yeux bleus. Ceux qui boivent dans sa corne sont protégés contre les piqûres de scorpion. Son foie mélangé à du jaune d'œuf guérit même de la lèpre. Partout dans les pharmacies de l’époque, on vend pour leurs vertus de belles cornes torsadées de licorne : ce sont en fait des cornes de narval, un mammifère marin qui lui est bel et bien réel ! Car si la licorne a existé, c’est uniquement dans l’imaginaire des hommes...

Les dinosaures

On ne cesse de découvrir des fossiles de dinosaures : de nouveaux indices pour mieux connaître ces animaux disparus.

La scène se passe en **Mongolie, au Crétacé, il y a 80 millions d'années** environ. La région était alors verdoyante, couverte de fougères géantes et de plantes à fleurs.

C'est en 1841 que Richard Owen, un paléontologue anglais, crée le mot « dinosaure » qui signifie « terrible lézard » en grec. Il désigne tous les reptiles qui ont régné sur la Terre pendant les trois périodes de l'ère Secondaire (Trias, Jurassique et Crétacé), soit 150 millions d'années.

1 La collerette de **Protoceratops** (dont le nom signifie « première tête à corne ») servait de bouclier aux mâles qui se combattaient pour obtenir une femelle.

2 **Protoceratops** était un petit dinosaure herbivore : il ne mesurait que 1,80 m de long. Il vivait en troupeaux très organisés au bord des marais.

1 **La collerette de Protoceratops,** les excroissances osseuses de ses joues et son bec de perroquet jouaient un rôle défensif contre ses prédateurs.

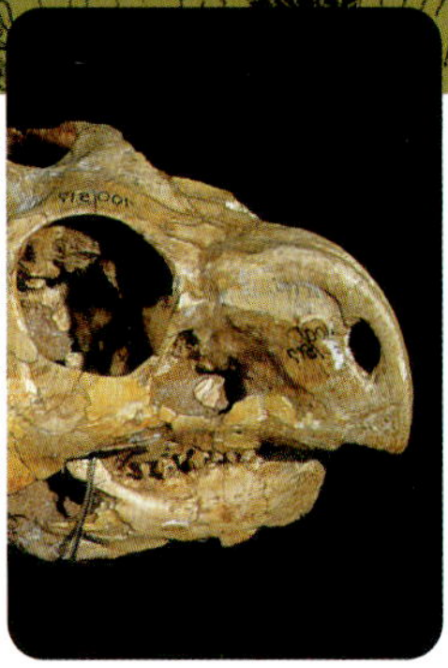

2 **Les dents de Protoceratops,** alignées sur des mâchoires semblables à des ciseaux, hachaient des végétaux très durs. Dès qu'une dent s'usait, elle était remplacée.

3 **Les empreintes d'Iguanodon** ont été découvertes en grand nombre : la preuve qu'il vivait en troupeaux. Elles révèlent aussi qu'il se déplaçait lentement.

Il y a 225 millions d'années, des variations climatiques ont condamné à mort beaucoup d'espèces animales. Les reptiles ont survécu. Parmi eux, les dinosaures. Ils ont conquis la Terre entière et adopté toutes les formes. Ils étaient de la taille d'un poulet ou gigantesques, herbivores ou carnivores, rapides ou très lents. On en connaît près de mille espèces différentes. C'est peut-être la chute d'une météorite qui a provoqué leur disparition il y a 65 millions d'années.

3 **Iguanodon** se déplaçait à quatre pattes en troupeaux. Les adultes, longs de 10 m, protégeaient ainsi les jeunes contre les prédateurs.

Iguanodon est l'un des premiers dinosaures que l'on a découverts. La forme de ses dents a fait croire qu'il était un ancêtre de l'iguane, d'où son nom qui signifie « dent d'iguane ».

4 On a longtemps pensé qu'**Oviraptor** (dont le nom signifie « voleur d'œufs ») dévorait les œufs des autres dinosaures. En réalité, il mangeait des coquillages très durs.

5 Très rapide, **Velociraptor** (dont le nom signifie « voleur véloce ») chassait en meutes. Il agrippait ses proies avec ses bras, puis les éventrait avec les griffes de ses pieds.

6 Cousin du T-Rex américain, **Tarbosaurus** (dont le nom signifie « reptile inquiétant ») mesurait 12 m de long, 6 m de haut, et pesait 5 tonnes… Trop lourd pour courir, il se contentait sans doute de charognes.

4 **Oviraptor pondait** sans doute en groupes, comme les oiseaux marins actuels. Ce dinosaure à l'allure d'autruche devait s'occuper de ses petits.

5 Le deuxième doigt du pied de **Velociraptor** porte **une griffe** très affûtée. Longue de 15 à 20 cm, elle fonctionnait comme une lame de couteau.

6 Grâce à **ses dents** de 15 cm de long, **Tarbosaurus** pouvait transpercer et arracher la chair des plus gros dinosaures.

À nos chers disparus !

Depuis les débuts de la vie sur Terre, certains animaux ont disparu à tout jamais. Ou presque...

Ce reptile volant de la famille **des ptérosaures** avait une envergure d'environ 12 m. Il a sans doute été le plus grand volatile de tous les temps. Il s'est éteint avec les dinosaures.

De la famille **des plésiosaures,** ce reptile marin de 15 m de long fut un terrible prédateur à l'époque des dinosaures. Il a disparu en même temps qu'eux.

Il y a 12 000 ans, **le thylacine ou loup de Tasmanie** a été exterminé d'Australie par les dingos. Réfugié en Tasmanie, il fut décimé par les éleveurs de moutons au 20e siècle.

Au cours de l'histoire de la vie, de nombreuses espèces animales se sont succédé et transformées. Certaines ont disparu, alors que des branches cousines continuaient d'évoluer. Mais beaucoup se sont éteintes sans laisser de descendants. La disparition de groupes dominants a permis à d'autres de prendre leur essor : l'extinction des dinosaures a ainsi favorisé la diversification des mammifères sur la Terre.

Le dernier **zèbre couagga** est mort dans un zoo en 1883. Il avait disparu à l'état sauvage depuis 1880. Estimé pour sa viande et sa peau, il a été exterminé par les chasseurs.

Cinq grandes extinctions ont marqué le règne animal. Lors de ces périodes, 60 à 96 % des espèces existantes ont disparu. Ce fut le cas lors de la mort des dinosaures. Les raisons de ces extinctions sont souvent inconnues. On émet souvent l'hypothèse de changements climatiques. Aujourd'hui, on pense que l'homme sera peut-être à l'origine d'une sixième extinction. En détruisant la forêt tropicale, il tue chaque seconde des dizaines d'espèces d'invertébrés.

Nos futurs disparus

Ara de Spix
0 individu en liberté
(50 en zoos)

Gorille des montagnes
Moins de 400

Tigre de Sumatra
Environ 500

Phoque-moine de Méditerranée
De 20 à 100

À la fin du 18e siècle, **le pigeon migrateur** se déplaçait en bandes composées de centaines de milliers d'oiseaux. Trop chassée, l'espèce s'est éteinte en 1914.

Différentes espèces **de mammouths** se sont succédé sur la Terre. Les premières sont apparues il y a 4 millions d'années. Les dernières, apparentées aux éléphants d'Asie, ont vécu jusqu'à 2800 av. J.-C.

Incapable de voler, **le dodo** était une proie facile pour l'homme. Cet oiseau a disparu de l'île Maurice en 1680.

Diatryma a vécu il y a environ 40 millions d'années. Haut de 2 m, cet oiseau ne volait pas et chassait comme Velociraptor. Ses griffes et son bec énormes étaient des armes redoutables.

Ce tigre à dents de sabre était le roi de la savane d'Amérique du Nord il y a 3-4 millions d'années. Le lion et le tigre, auxquels il ressemblait beaucoup, sont ses cousins éloignés.

Après 500 millions d'années d'existence dans les mers, **les ammonites** se sont éteintes avec les dinosaures. Les pieuvres et les nautiles sont les lointains descendants de ces mollusques.

le Petit doKéo

Ella Raison, rédactrice en chef ★ Edith Moitout, intervieweuse ★ Isidore Jamais, reporter-photographe ★ Anna-Lyse Poussé, analyste ★ Jean Rigole, dessinateur ★ Jean-Félix Pottins, rédacteur de brèves

Édito

Au printemps 1997, à l'extrême nord de la Sibérie et à 6 000 km de Moscou, un nomade dolgan découvre 2 défenses de mammouth dépassant du sol gelé. Averti, le scientifique Bernard Buigues décide d'extraire le mammouth de la glace. Il lui donne le nom de son découvreur : Jarkov.

Ella Raison

Jean Rigole

Un mammouth congelé !

Chose exceptionnelle, Jarkov est très bien conservé : il a encore sa toison et ses organes... Pour qu'il ne se décompose pas, Bernard Buigues décide de le garder dans un bloc de terre gelée ou permafrost. En septembre 1999, une expédition de scientifiques installe son camp de base à proximité de Jarkov. Il fait parfois -40 °C mais tous s'acharnent à dégager le bloc à l'aide de marteaux-piqueurs. 5 semaines plus tard, c'est chose faite. Et le 17 octobre 1999, un énorme hélicoptère hélitreuille un bloc de glace de 23 tonnes : Jarkov s'envole dans les airs.

L'interview d'Édith

Docteur Mengesson, médecin généticien, spécialiste du clonage.

Peut-on penser faire revivre un jour un mammouth ?
Il faudrait pour cela prélever de l'ADN intact de mammouth (l'ADN étant l'ensemble des gènes ou le programme de construction d'un être vivant) et l'insérer dans un ovule sans ADN d'une éléphante d'Asie : cette espèce n'a en effet que 5 % de différences génétiques avec le mammouth. Cet embryon cloné, à la manière de la brebis Dolly, serait ensuite inséminé dans le ventre d'une éléphante.

En bref...

Résistant. Le mammouth laineux avait un physique adapté au climat glaciaire de son époque. Une toison à triple épaisseur – de longs poils de 1 m, des sous-poils et un duvet – recouvrant toute la surface de sa peau était associée à une couche de graisse de 10 cm. Ses oreilles et sa queue minuscules ne pouvaient pas geler. Et il avait un clapet qui fermait son anus pour éviter tout refroidissement interne.

Trafic. Les Dolgans savent que la région de leur déplacement est un vrai cimetière de mammouths. Plutôt que d'informer les scientifiques de leurs découvertes, ces nomades pauvres préfèrent vendre les ossements et les défenses des mammouths pour subsister.

Jean-Félix Pottins

Jarkov, encore prisonnier de son bloc de glace, est à présent à l'abri dans une cave gelée creusée dans la terre où la température ne dépasse pas 15 °C. Une estrade est installée autour de lui pour permettre aux scientifiques de l'étudier. Ce mammouth laineux va dégeler doucement et pouvoir ainsi révéler ses secrets.

Alors qu'il était encore prisonnier du sol gelé, l'équipe a dégagé à l'aide d'un sèche-cheveu 1 m^2 de toison de Jarkov. L'étude de ces poils, qui contenaient des pollens, champignons, algues..., a révélé que Jarkov vivait il y a 20 380 ans dans une steppe froide, sèche et sablonneuse, et non pas dans une toundra enneigée. Il est mort à 47 ans des suites d'une chute.

Isidore Jamais

Tout cela paraît réaliste ?
Non. Car l'ADN d'un être mort est souvent abîmé. Et si par miracle on trouvait de l'ADN intact, le petit qui verrait le jour au bout de 22 mois passés dans le ventre d'une éléphante serait non pas un clone mais un mélange de mammouth et d'éléphant, car il aurait été sous le contrôle des hormones de sa mère à l'état embryonnaire.

Le scoop

Une défense de mammouth déterrée dans le Jura en 1979 porte la plus ancienne carte du ciel de l'histoire de l'humanité. Il y a 32 500 ans, un homme de Cro-Magnon y grava la constellation d'Orion. Le mammouth a aussi beaucoup inspiré les premiers artistes qui peignaient ces animaux sur les parois des grottes.

Jean-Félix Pottins

Qui sont-ils ?

Les animaux sont si nombreux qu'on ne les connaît pas tous. On compte aujourd'hui 1,5 million d'espèces différentes. Mais l'on pense qu'il en existe encore des millions à découvrir.

Les invertébrés

Insectes : Corps en 3 parties. 3 paires de pattes. 1 million d'espèces. *Abeille*

Arachnides : 4 paires de pattes. 75 000 espèces.

Mollusques : Corps mou, souvent protégé par une coquille. 50 000 espèces. *Moule*

Crustacés : Enfermés dans une carapace. 2 paires d'antennes et des pinces. 38 000 espèces. *Crevette*

Cnidaires : Corps mou portant souvent des tentacules. 9 000 espèces.

Annélides : Corps mou composé d'anneaux. 14 000 espèces.

Échinodermes : Corps souvent recouvert de piquants. 6 000 espèces.

Spongiaires : Les plus simples des animaux pluricellulaires. 5 000 espèces.

Myriapodes : Corps divisé en segments et multitude de pattes. 12 000 espèces. *Mille-pattes*

700 millions, c'est le nombre d'années écoulées depuis l'apparition des premiers animaux.

235, c'est le nombre d'espèces de primates existant sur Terre. L'homme est l'une d'entre elles.

150 tonnes, c'est le poids de la baleine bleue, le plus gros animal.

Les vertébrés

Les oiseaux

Couverts de plumes, la plupart volent grâce à leurs ailes et leurs os creux. Ils respirent par des poumons et se nourrissent avec leur bec sans dents. Ils pondent des œufs. 9 600 espèces.

Les poissons

Ils vivent dans l'eau, sauf les dipneustes, capables de vivre en partie à l'air libre. Leur peau est garnie d'écailles. Ils respirent par des branchies. La plupart pondent des œufs. 2 grands groupes : poissons cartilagineux (requins et raies) et poissons osseux. 51 000 espèces.

Les reptiles

Ils ont 0 ou 4 pattes. Ils respirent par des poumons. La plupart pondent des œufs. Ils ont une peau couverte d'écailles ou sont protégés par une carapace. Crocodiles, tortues, iguanes, varans, serpents et lézards : plus de 6 900 espèces. Milieu terrestre et aquatique.

Les amphibiens

Ils vivent sur la terre ferme, mais leurs petits (les têtards) vivent dans l'eau où ils respirent comme les poissons. En fait, grenouilles, tritons, cécilies et salamandres (4 800 espèces) ont toujours besoin d'eau. Ils respirent par des poumons mais aussi par leur peau, humide et sans écailles.

Les mammifères

La plupart ont 4 pattes, sauf les mammifères marins. Ils ont presque tous une peau couverte de poils. La majorité donnent naissance à des petits complètement formés que les femelles nourrissent avec le lait coulant de leurs mamelles. Ils respirent par des poumons. Leur température interne constante leur a permis de conquérir toute la planète.

La plupart des animaux se déplacent. Ils mangent, respirent de l'oxygène, se reproduisent. Ils ont aussi des sens plus ou moins performants. Depuis l'apparition des premiers animaux dans les mers, le règne animal s'est diversifié et complexifié. Aujourd'hui, les zoologues classent les espèces en deux groupes : les invertébrés, qui n'ont pas de squelette, et les vertébrés, qui en ont un.

Ils bougent !

Contrairement aux plantes, les animaux bougent. Leur mode de déplacement dépend de leur milieu et de leurs façons de vivre.

Les animaux, à l'inverse des plantes, sont incapables de fabriquer leur nourriture. Ils doivent bouger pour aller la chercher. Pour cela, mais aussi pour rencontrer les partenaires avec lesquels se reproduire, ils marchent, sautent, courent, nagent, volent... Certains, grâce à une morphologie adaptée, dépassent de très loin les records de nos champions olympiques ! Les prédateurs sont ainsi les rois du déplacement rapide, alors que, pour leur échapper, leurs proies sont les championnes de l'endurance. Quelques espèces semblent immobiles. En réalité, elles font bouger certains de leurs muscles pour attirer la nourriture à elles.

Le manchot papou ne nage pas : il vole sous l'eau glacée de l'Antarctique en battant des ailes et se propulse à 35 km/h.

Le thon a une forme parfaite qui lui permet de nager sans fatigue à 15 km/h pendant une vingtaine de jours.

Grâce à son « épée » et à sa voile, **le marlin** pénètre très bien l'eau : il fait des pointes à 110 km/h.

La libellule vole à 29 km/h : par rapport à sa taille, c'est une vitesse de bolide !

Quand il tombe en piqué sur un lapin, **le faucon pèlerin** atteint les 350 km/h.

Le martinet noir se pose peu (pas plus de 3 mois par an) et il peut voler à 171 km/h.

Pour compenser ses petites ailes, **l'autruche** a de grosses et hautes jambes qui lui permettent de courir à 72 km/h.

L'antilope pronghorn épuise ses prédateurs : elle peut galoper à 65 km/h pendant 10 minutes !

Fin, léger, élastique, **le guépard** peut courir à 110 km/h sur une centaine de mètres... avant d'aller se coucher.

Superfainéants

Superrampant

Supermarcheurs

La gorgone ne se déplace pas. Elle bouge ses tentacules pour attirer à elle sa nourriture.

L'escargot avance lentement (50 m/h), aussi bien sur le sol que sur un mur.

La tortue grecque ne parcourt pas plus de 400 m en une heure, sans se fatiguer.

L'anaconda n'ondule pas, il file tout droit, à 15 km/h… en rampant sur ses écailles.

L'étoile de mer soulève les milliers de ventouses de ses bras pour marcher au fond de la mer. Elle s'adapte à tous les terrains : un vrai 4 X 4 !

Grâce à sa bosse de graisse, qui lui sert de réserve, **le dromadaire** peut marcher pendant 3 semaines sans boire ni manger… et sans s'arrêter.

Supersauteurs

La puce mesure 1,5 mm de long et saute 33 cm de long : soit 220 fois sa taille.

La gerboise mesure 10 cm de long. Elle saute 4,50 m de long : soit 45 fois sa taille.

Le lynx d'Afrique, ou caracal, bondit pour attraper les oiseaux : il saute 1,50 m de haut.

L'oréotrague, une antilope d'Afrique du Sud, saute 7,50 m de haut : soit 15 fois sa hauteur.

Superman ?

- **Les champions olympiques de natation** dépassent rarement 8 km/h.
- L'homme est **incapable de voler.** Mais il s'est inspiré des oiseaux pour fabriquer ses machines volantes. Un planeur peut atteindre 350 km/h en piqué ou 150 km/h en vol, alors qu'un avion supersonique, comme le Concorde, atteint 2 300 km/h.
- **Le plus rapide des sprinters** court à 36 km/h.
- **Un bon randonneur** marche à 6 km/h pendant 8 heures.
- **Les athlètes sautent** 2,45 m en hauteur, soit 1,2 fois leur taille, et 8,95 m en longueur, soit 5 fois leur taille.

Ils sont partout !

Les animaux ont colonisé tous les milieux : terrestres, aquatiques ou aériens. Car ils ont des ressources incroyables et des capacités d'adaptation étonnantes.

Certains animaux supportent

les conditions de vie les plus extrêmes : le froid des pôles, l'obscurité des cavernes, la sécheresse des déserts, la pression des grandes profondeurs marines (les abysses), l'absence d'oxygène des hautes altitudes... Ils possèdent en effet des caractères physiques qui leur permettent de s'adapter au mieux à leur milieu et de tirer profit de ses contraintes pour pouvoir boire et se nourrir plus facilement.

tout savoir sur...

Le riftia

Description : Ver géant de 2 m de long sans bouche ni tube digestif.

Adresse : Au fond des océans, dans des zones volcaniques, près de geysers, des sources d'eau très chaude et très toxique : de vraies oasis de vie appelées fumeurs noirs. Cohabite avec d'autres riftias et quantités de crustacés, mollusques, poissons.

Conditions de vie : Apparemment insupportables : hautes pressions, grand froid, obscurité totale, molécules toxiques, absence d'oxygène.

Astuces : Abrite dans un de ses organes des bactéries qui décomposent pour lui des molécules toxiques en nourriture et en oxygène.

Abysses

L'eurypharynx est long de 1 m. Sa bouche est énorme et ses mâchoires représentent le quart de sa taille. Impossible de laisser fuir une proie !

Le chauliodus agite au-dessus de sa tête un filament qui attire les proies vers sa bouche. Ses grandes dents les empêchent de s'échapper.

La hache d'argent a des cellules qui émettent de la lumière. Elle attire ainsi ses proies... qu'elle repère dans le noir grâce à ses grands yeux.

Cavernes

Le guacharo des cavernes vit dans les grottes obscures des Andes. Comme les chauves-souris, il est équipé d'un système radar pour s'orienter dans le noir.

Le fond des cavernes est recouvert d'une boue très molle. **L'épeire cavernicole** a de hautes pattes fines qui l'aident à ne pas s'y enfoncer.

Le crabe cavernicole a des armes redoutables pour attraper ses proies : des pinces immenses.

Haute montagne

Le gypaète barbu plane à 7 500 m d'altitude : grâce à ses poumons, il peut capter le peu d'oxygène présent.

Le yack vit jusqu'à 6 100 m d'altitude. Son épais manteau de poils longs traînant jusqu'au sol le protège du vent glacial et pénétrant.

Tout là-haut, dans l'Himalaya, le vent apporte un peu de débris de végétaux et d'animaux. Il faut être petit et rapide pour les repérer. **Les diplopodes** le sont. Ils vivent sous les pierres.

Désert chaud

L'oryx gemsbok n'a jamais trop chaud. Son cerveau peut supporter les grosses chaleurs : le sang qui l'irrigue se refroidit d'abord dans ses sinus.

L'épaisse carapace du **ténébrion** retient l'eau de son corps et l'empêche de se déshydrater. Ses longues pattes l'éloignent de la chaleur du sable.

Lorsqu'il fait trop chaud, **le scinque**, un lézard du désert, s'enfonce dans le sable où il « nage » tel un poisson. Il sort le matin pour gober des insectes.

Pôle Nord

Le harfang des neiges est un excellent chasseur : il entend le pas de ses proies sur la neige à des kilomètres à la ronde...

L'ours polaire a un odorat exceptionnel pour détecter les rares proies du pôle Nord. Enveloppé d'une fourrure et d'une couche de graisse épaisses, il n'a jamais froid, même à –30 °C !

Sous la banquise ou au fond de la mer polaire, **le requin du Groenland** attire ses proies grâce aux crustacés luminescents qui parasitent ses yeux.

Conditions de vie :

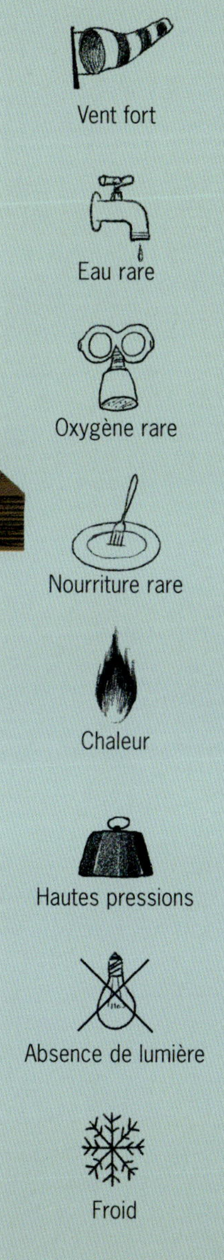

Partir ou rester

Coûte que coûte, certains animaux restent toujours au même endroit, alors que d'autres parcourent des milliers de kilomètres.

Parmi ces grands voyageurs, certains fuient l'hiver et son manque de nourriture. Ils migrent vers des contrées plus chaudes, souvent les mêmes, pour trouver de quoi manger. D'autres animaux ont un mode de vie itinérant qui les amène à toujours se déplacer, sans souci des saisons. Dautres encore ne bougent jamais. Quand l'hiver arrive, ils s'endorment et se réveillent, amaigris, au printemps.

De grands migrateurs

anguille 6 000 km aller

papillon belle-dame 10 000 km aller

sterne arctique 20 000 km aller

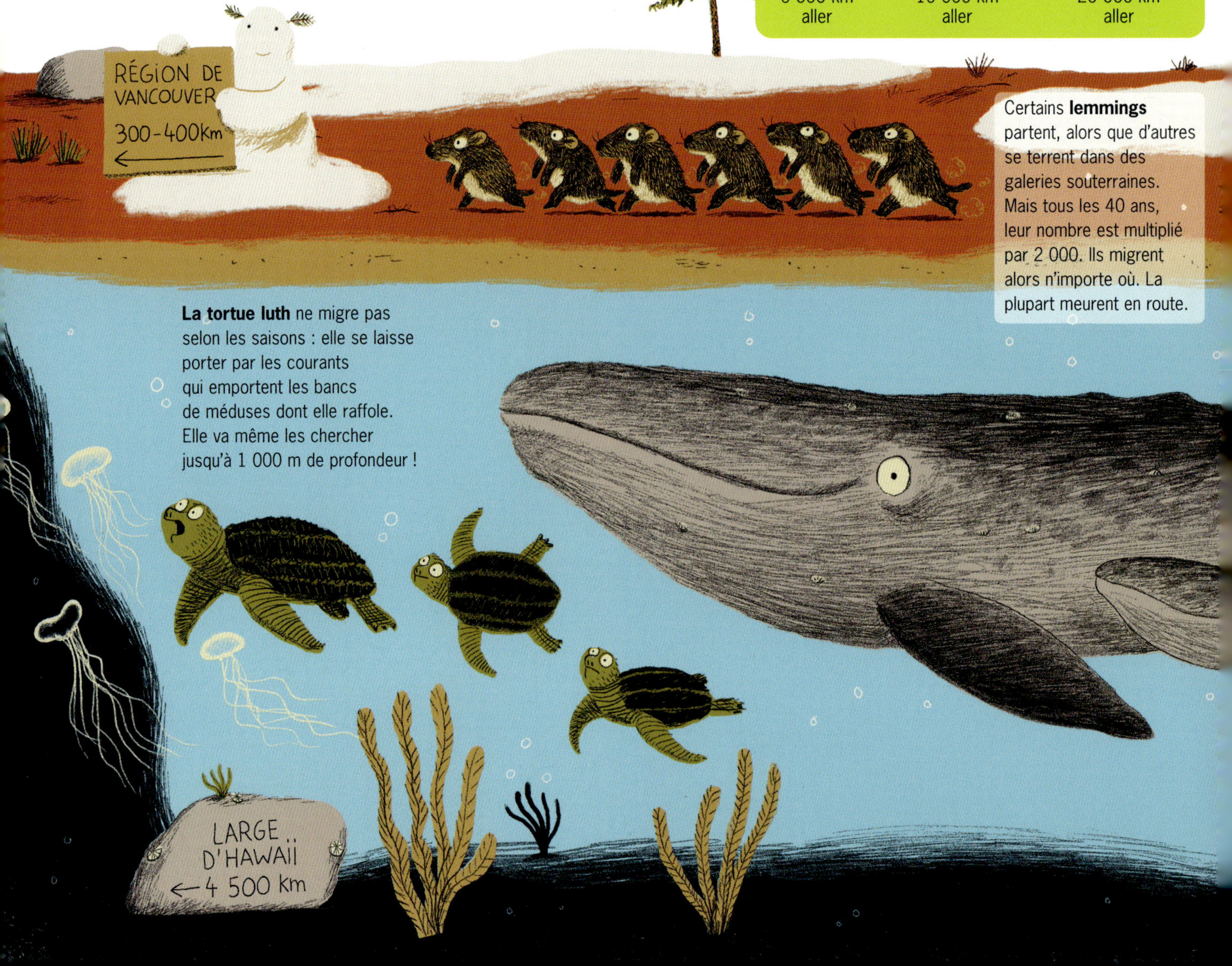

Certains **lemmings** partent, alors que d'autres se terrent dans des galeries souterraines. Mais tous les 40 ans, leur nombre est multiplié par 2 000. Ils migrent alors n'importe où. La plupart meurent en route.

La tortue luth ne migre pas selon les saisons : elle se laisse porter par les courants qui emportent les bancs de méduses dont elle raffole. Elle va même les chercher jusqu'à 1 000 m de profondeur !

Cette scène se passe à **l'ouest du Canada**, au bord de la mer. C'est le début de l'hiver. Bientôt il n'y aura presque plus d'animaux ! Ici, certaines espèces migrent aussi selon un rythme qui leur est propre, déconnecté de celui des saisons.

Certaines **chauves-souris** hibernent. Leur température descend à 4 °C et leur cœur bat très lentement. Elles économisent ainsi leurs forces et vivent sur leurs réserves de graisse.

Le bécasseau sanderling, qui a passé l'été au Groenland, migre en groupes : il suit les côtes qui lui servent de repères migratoires.

Les grizzlys passent l'hiver à dormir ou somnoler dans leur tanière. Les femelles donnent naissance à deux à quatre oursons en janvier.

Les caribous vont bientôt partir : ils marcheront jour et nuit. Seules les femelles s'arrêteront pour accoucher. Elles seront alors en danger : le loup guette…

infos chiffrées

10 milliards, c'est le nombre de criquets qui migrent en même temps.

30 000 km, c'est la distance effectuée chaque année par le puffin à bec grêle.

80 %, c'est la perte de poids moyenne d'un oiseau après sa migration.

50 % des animaux qui migrent meurent en route.

Certaines **baleines grises** passent l'hiver à se nourrir d'invertébrés vivant au fond de l'eau. Puis elles partent, au début du printemps, se reproduire dans les eaux chaudes, au large du Mexique.

Le saumon ne migre pas selon les saisons. Il naît en rivière, devient adulte en mer, puis repart vers sa rivière, qu'il reconnaît à l'odeur, pour se reproduire.

Ils communiquent

Des cris, des couleurs, des odeurs, des mimiques ou des gestes : les signaux utilisés par les animaux pour communiquer s'adressent aux différents sens.

Quand **une abeille** éclaireuse a trouvé des fleurs à butiner, elle revient à la ruche où elle se met à danser. Il existe des types de danses différents selon que la nourriture est proche ou éloignée.

Les hippopotames, qui vivent en groupes, passent leur journée immergés dans l'eau et rejoignent la terre ferme pour brouter le soir venu. Si un danger survient, ils mugissent.

Les zèbres vivent en groupes avec parfois des gnous ou des antilopes. Dotés d'une bonne audition, ils repèrent un prédateur de loin et hennissent pour que le troupeau s'éparpille.

Les loups hurlent en chœur pour avertir les autres meutes de leur présence et éviter qu'ils ne se rencontrent et ne se battent pour les mêmes proies.

Lorsqu'il se sent agressé ou qu'il a mal, **le putois** émet par ses glandes anales une odeur nauséabonde. C'est aussi de cette façon qu'il avertit les autres putois de sa présence.

Les dingos vivent en meutes. Comme les loups, ils expriment leurs liens sociaux par des postures. Ici, celui qui baisse la tête fait acte de soumission.

La belette laisse un tas d'excréments visibles et odorants devant son terrier pour afficher qu'elle en est la propriétaire.

Quand **une fourmi** trouve une source de nourriture, elle revient vers la fourmilière en déposant des molécules odorantes sur son chemin. La route est ainsi toute tracée pour ses compagnes.

Les animaux s'échangent des informations entre membres d'une même espèce, mais aussi entre espèces différentes. Ils utilisent des signaux visuels, sonores, tactiles, odorants… pour s'identifier, avertir d'un danger, localiser une source de nourriture, délimiter un territoire, exprimer des émotions, apaiser les tensions…

Les étourneaux chantent pour se regrouper par milliers sur les arbres ou sur les fils électriques au moment des migrations.

Après avoir rugi et arraché des arbustes, **le gorille** mâle se dresse sur ses pattes arrière et se frappe la poitrine pour intimider un rival.

Le renard est un animal omnivore qui a besoin de beaucoup d'espace pour trouver sa nourriture. Il marque son territoire par des jets d'urine odorante.

Les pieuvres changent de couleur pour se camoufler, mais aussi pour intimider un rival, exprimer des émotions ou séduire lors des parades amoureuses.

Dans un groupe de **marmottes,** il y a toujours un guetteur qui scrute les alentours et siffle pour avertir les autres d'un danger.

Les lynx, comme tous les félidés, se lèchent souvent. C'est pour eux un moyen d'apaiser les tensions et de faire baisser leur agressivité.

Les macaques rhésus font des mimiques avec leurs visages pour communiquer. La moue sert à attirer l'attention…

Les dik-diks mâles frottent contre les tiges des herbes hautes les deux glandes situées sous leurs yeux. Ils laissent ainsi une odeur qui marque leur territoire.

La vie en groupes

Beaucoup d'animaux vivent en groupes et certains appartiennent même à des sociétés très organisées.

La termitière subit une attaque : les ouvrières se cachent au centre et les soldates montent **au front.** Malgré leurs énormes mandibules, beaucoup vont mourir. Si l'attaque est repoussée, les ouvrières réparent les dégâts.

Dans cette clairière de la forêt tropicale africaine, **ce groupe de chimpanzés** est composé d'environ 80 individus. Ils se sont installés près d'un nid de termites : ils se nourrissent en effet de ces insectes, mais aussi de feuilles, de tiges...

Les ouvrières cultivent des champignons dans **des champignonnières.** Les termites les mangent car cela les aide à digérer la cellulose des plantes et du bois qu'elles consomment en grande quantité.

Les chimpanzés se transmettent leur savoir-faire. Ici, une maman chimpanzé **apprend** à son petit comment fabriquer, puis enfoncer une baguette dans la termitière pour attraper les termites.

Dès qu'ils sont pondus, les œufs sont amenés par les termites ouvrières dans **des chambres d'incubation ou nurseries.** Elles s'en occupent, puis nourrissent les larves qui en sortent avec une bouillie de bois et végétaux régurgitée.

C'est à partir de **la chambre royale** que la termitière a été construite par les premières ouvrières. Elle abrite le couple royal qui s'accouple très souvent. La reine, longue de 15 cm, peut pondre 30 000 œufs par jour.

Les insectes sociaux,

comme les fourmis, les abeilles ou les termites, sont soumis à une organisation très stricte où le rôle de chacun est défini. D'autres animaux, comme les singes ou les loups, cohabitent dans des communautés plus souples. Mais quel est l'intérêt de vivre à plusieurs ? Le fait d'être nombreux permet d'être plus fort face aux prédateurs et cela favorise l'occupation d'un territoire, la recherche de nourriture, le partage des tâches. L'inconvénient, c'est que de tels groupes ont besoin de beaucoup manger : ils doivent donc souvent déménager pour ne pas épuiser les ressources alimentaires.

Le groupe est **dirigé par un mâle dominant.** Son autorité est réelle, mais souple. Elle est sans cesse remise en cause par les autres mâles.

Dans le groupe, les adultes s'enlacent ou **s'épouillent** souvent : c'est un très bon moyen pour faire baisser l'agressivité et limiter les conflits.

Les chimpanzés **communiquent** entre eux par des mimiques ou des postures. Ici le mâle de gauche annonce que la bagarre est proche…

Le chimpanzé est capable de **fabriquer des outils.** Ici, il a fait une éponge de mousse et de feuilles qui lui permet de récolter l'eau et de la boire.

La termitière est un édifice complexe composé de galeries et de cellules variées, ainsi que d'un circuit de refroidissement. Elle accueille des millions d'individus aux rôles bien définis. Les plus grandes mesurent 6 m.

Au sud de l'Afrique, **les suricates** vivent en colonies : plusieurs familles se partagent des terriers reliés par des galeries. Leur vie sociale est très bien organisée.

Les tisserins vivent en grandes colonies en Afrique tropicale. De nombreux couples d'oiseaux tissent et tressent des nids sur un acacia, formant un vrai immeuble collectif.

Ils séduisent

Les grenouilles ou **crapauds mâles** gonflent leurs sacs vocaux et chantent à plusieurs pour attirer les femelles.

Chez les animaux, la reproduction n'a souvent lieu qu'à certaines périodes de l'année. Les mâles déploient alors des moyens variés pour séduire les femelles. Cela s'appelle la parade amoureuse.

L'oiseau satin mâle est un excellent architecte : il fabrique un nid complexe composé de deux palissades de brindilles.

C'est aussi un très bon décorateur. Il dépose autour de son nid des objets bleus brillants pour attirer une femelle.

Il danse en tenant dans son bec un objet bleu. Une femelle approche. Pour la convaincre d'entrer dans son nid, il lui offre l'objet.

Le cerf hurle (ou brame). D'autres mâles lui font écho. C'est un moyen de s'intimider et d'attirer les femelles en chaleur.

Deux cerfs convoitent la même biche. Ils s'affrontent violemment en entrechoquant leurs bois.

La biche choisit le vainqueur. Car s'il a gagné, cela signifie qu'il est fort et endurant : de bonnes qualités pour un futur père de famille !

Le scorpion mâle montre ses pinces à une femelle. Il les écarte pour paraître plus gros qu'il n'est en réalité et l'impressionner.

Mâle et femelle se rapprochent. Le mâle doit bloquer la femelle afin qu'elle ne le pique pas et pour l'amener là où il veut se reproduire avec elle.

Les voilà accrochés l'un à l'autre par leurs pinces. Ils dansent d'avant en arrière pendant des heures ou des jours avant de s'accoupler.

Une femelle a souvent le choix entre plusieurs prétendants. Les mâles sont donc en compétition pour la conquérir. Ils doivent alors se faire reconnaître et remarquer, prouver qu'ils sont forts et en parfaite santé et attiser le désir de la femelle. Comment font-ils ? Chacun a sa technique : chanter, afficher des couleurs éclatantes, se grossir démesurément, provoquer des bagarres ou offrir des cadeaux...

Le paon bleu déploie en éventail les longues plumes de sa queue aux ocelles colorées. Puis il parade devant la femelle.

La luciole mâle émet des flashs de lumière avec son ventre : leur nombre et leur couleur indiquent à quelle espèce il appartient.

Lorsqu'une femelle de la même espèce reconnaît ce code, elle répond en émettant des flashs de lumière qui permettent au mâle de l'identifier.

Le mâle se rapproche de la femelle. Il est guidé par la lumière qu'elle émet. En cas de danger, elle cesse toute émission.

La sterne arctique mâle retrouve sa femelle. Il la survole en criant, se pose à ses côtés, lui tourne autour et déploie ses ailes.

Mais la parade ne s'arrête pas là : le mâle part en mer pêcher des poissons. Sans se poser, il vient les offrir à sa femelle.

Cette offrande se répète plusieurs fois. Elle sert à convaincre la femelle de la fidélité du mâle et à prouver qu'il pourra bien nourrir ses petits.

L'éléphant mâle en chaleur barrit et émet un liquide huileux par une glande située sur ses tempes. Son odeur attire les femelles.

Si deux mâles en chaleur se rencontrent, ils se battent violemment à coups de trompe, de pattes et de défenses.

L'éléphant qui a perdu s'en va. La femelle accepte les caresses du vainqueur. Ils vont pouvoir se reproduire.

Ils se reproduisent

Pour que leur espèce se perpétue, les animaux doivent se reproduire. Certains donnent naissance à une multitude de petits alors que d'autres en ont très peu.

Si la plupart des serpents sont ovipares, **le boa constricteur** est ovovivipare. La femelle accouche de 10 à 50 petits.

Le grand requin blanc est, comme la majorité des requins, ovovivipare : il a de 1 à 9 petits. D'autres espèces, comme le requin citron, sont vivipares. D'autres encore pondent des œufs.

Au bout de 15 mois de gestation, **la girafe** accouche debout : en naissant, le girafon fait donc une chute de 2 m de haut. Il doit être capable de se mettre sur ses pattes et suivre sa mère rapidement.

Les échidnés et l'ornithorynque sont les seuls mammifères ovipares. Fécondée, la femelle **ornithorynque** pond 1 à 3 œufs qu'elle couve dans une poche ventrale avant de les déposer dans son terrier.

La femelle du **crapaud accoucheur** libère un chapelet d'œufs. Le mâle les féconde et les enroule autour de ses cuisses. Il les garde ainsi pendant 3 semaines avant de les déposer dans l'eau où ils éclosent.

Chez **le cobra royal**, la femelle fabrique un nid dans lequel elle pond de 20 à 50 œufs. Elle les recouvre d'herbe. Puis elle les surveille avec le mâle jusqu'à leur éclosion.

Au bout de 5 semaines de gestation, la femelle du **kangourou roux** donne naissance à un petit qui pèse 1 g et mesure 2 à 3 cm. Il escalade le ventre de sa mère pour rejoindre la poche marsupiale où il agrippe une tétine. Il y restera 6 mois.

Au bout de 22 mois de gestation, **l'éléphante** met bas un seul petit qu'elle va allaiter pendant 3 ans. L'éléphanteau d'Afrique pèse environ 120 kg et celui d'Asie 100 kg.

La femelle du **lapin de garenne** peut accoucher 4 ou 5 fois par an. Chaque portée comprend 3 à 8 petits. C'est une espèce très prolifique.

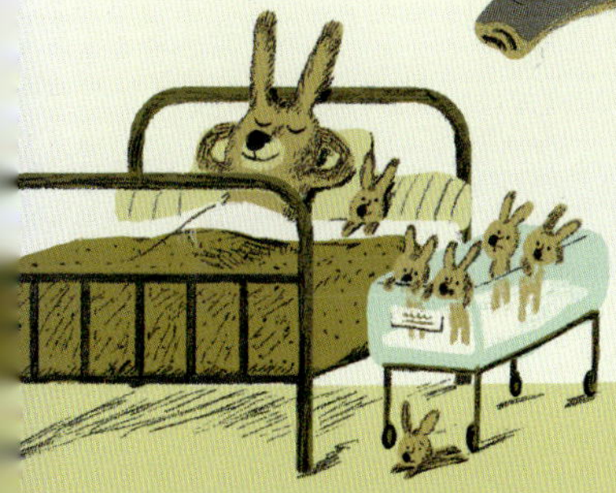

Les modes de reproduction

ne sont pas les mêmes selon les espèces. Chez la grande majorité des mammifères, les petits se développent dans le ventre de la mère et naissent bien formés. On dit qu'ils sont vivipares. Les kangourous, qui sont des marsupiaux, accouchent d'un fœtus. Celui-ci finit sa croissance dans la poche marsupiale. Les oiseaux sont ovipares : ils pondent des œufs. Certains reptiles sont ovovivipares : les œufs ne sont pas pondus et éclosent dans le ventre de la mère.

La femelle **hippocampe** pond dans le ventre du mâle. Après avoir fécondé les œufs, il les garde au chaud jusqu'à leur éclosion. Les petits sortent alors tout formés.

La femelle du **crocodile du Nil** pond de 25 à 100 œufs dans un trou creusé dans les berges sablonneuses d'un fleuve. Quand ils sont prêts à éclore, les jeunes poussent des cris et leur mère les aide à briser leur coquille.

Les albatros forment des couples unis pour la vie. La femelle pond un seul œuf une fois par an ou tous les deux ans. Il est couvé pendant environ 80 jours par le père ou la mère à tour de rôle.

La femelle **poulpe** pond une centaine de milliers d'œufs qu'elle suspend au plafond de son abri. Elle les protège et les nettoie pendant 3 mois. Elle meurt quand ils éclosent.

Les bébés chouchoutés

Certains parents animaux prennent le temps de nourrir leurs petits, et de leur apporter soins et protection jusqu'à ce qu'ils soient capables de se débrouiller seuls.

Si 2 oisillons voient le jour dans le nid de **l'aigle royal**, l'aîné tue le cadet. Les parents, qui forment un couple uni, poussent l'aiglon âgé de 10 semaines à voler en le faisant jeûner. Ils lui apprennent ensuite à chasser et le nourrissent.

La femelle **koala** donne naissance à un seul petit qui passe 6 mois à téter dans sa poche. Accroché à son dos, il se nourrit ensuite de feuilles d'eucalyptus prédigérées par sa mère. À 11 mois, il peut vivre sa vie tout seul.

La panthère accouche de 1 à 6 petits aveugles dans une tanière. Elle les allaite jusqu'à l'âge de 3 mois. Puis elle les initie à la chasse et leur apprend à être autonomes. Ceux qui survivent la quittent à 22 mois.

Dans une meute de **loups**, seul le couple dominant se reproduit. La femelle met bas 4 à 7 louveteaux aveugles qu'elle allaite dans sa tanière. Puis les louveteaux apprennent à chasser avec les autres membres de la meute. Ils deviennent de vrais chasseurs vers 5-6 mois.

La femelle **babouin** donne naissance à un seul petit qu'elle allaite jusqu'à la naissance du suivant. Toutes les femelles de la communauté s'en occupent. Si les jeunes femelles restent avec leur mère dans le groupe, les mâles la quittent à l'adolescence.

Certains bébés animaux ont besoin de leurs parents pour survivre. Selon les espèces, ils sont élevés par leur mère, le couple des parents ou le groupe dans lequel ils vivent. Des parents se contentent de nourrir leurs petits le temps nécessaire, alors que d'autres ont un vrai rôle éducatif : ils leur apprennent à chasser, à vivre avec les autres membres du groupe et à se méfier des prédateurs.

Pourquoi certains parents animaux ne s'occupent-ils pas de leurs petits ?

Cela ne signifie pas qu'ils sont de mauvais parents, mais simplement qu'ils n'ont pas les moyens d'être des parents. Car le fait de nourrir un petit oblige par exemple à chasser beaucoup ; le protéger en permanence nécessite d'être capable de se battre contre des prédateurs : autant d'actions qui augmentent la consommation d'énergie d'un animal. Certains ne possèdent pas ces capacités. En revanche, ils mettent souvent au monde des petits très bien formés qui sont capables de se débrouiller seuls dès leur naissance.

Seuls dès le début !

La femelle **tortue de mer** abandonne ses œufs sur la plage. À leur naissance, les bébés doivent vite se précipiter vers la mer pour échapper aux prédateurs.

Les œufs de grenouille sont laissés dans l'eau. S'ils ne finissent pas dans la bouche d'un poisson, ils donneront **des têtards** qui deviendront des grenouilles.

La chenille de papillon sort d'un œuf abandonné par sa mère sur une feuille. Elle se nourrit toute seule, avant de se transformer en papillon.

La femelle **crocodile** élève ses petits jusqu'à ce qu'ils soient capables de chasser tout seuls. Pour les protéger des prédateurs, elle les transporte dans sa gueule ou au fond de sa gorge.

L'œuf du **manchot empereur** est couvé par le mâle. Quand l'oisillon naît, la mère le nourrit et le protège du froid en le gardant contre son ventre. Au bout de 40 jours, il rejoint une crèche collective autour de laquelle les adultes forment un écran réchauffant et protecteur.

La femelle **musaraigne** peut avoir 10 petits. Elle les allaite pendant quelques semaines. Quand ils se promènent, ils forment parfois une caravane : chacun tient entre ses dents la queue de celui qui le précède. Un bon moyen pour ne pas se perdre !

L'oisillon qui sort de l'œuf pondu par la femelle **flamant rose** reste au nid quelques jours, avant de rejoindre une crèche collective. Là, ses parents le nourrissent par régurgitation jusqu'à la poussée de ses plumes de vol.

le Petit doKéo

INTERNATIONAL

Ella Raison, rédactrice en chef
Édith Moitout, intervieweuse
Isidore Jamais, reporter-photographe
Anna-Lyse Poussé, analyste
Jean Rigole, dessinateur
Jean-Félix Pottins, rédacteur de brèves

Édito

Comme le gorille, l'orang-outan et le chimpanzé, le bonobo fait partie de la famille des grands singes. Les liens qui unissent la mère à son enfant sont très longs et très tendres : ils aident à développer chez ces singes une sensibilité étonnante, qui explique sans doute pourquoi ils vivent ensemble de manière très pacifique.

Ella Raison

Jean Rigole

Des bonobos bien élevés

Ce bébé bonobo vient de naître. Il va bénéficier de beaucoup d'attention et de tendresse de la part de sa mère. Elle va l'allaiter bien sûr, mais il sera aussi épouillé, regardé dans les yeux, caressé : un bon moyen pour grandir sans stress ! Sa croissance va être très lente. Et sa mère le portera d'abord accroché à son ventre, puis sur son dos.

L'interview d'Édith

Sue Hennington fait des recherches autour du langage et de son apprentissage. Elle travaille avec des singes, dont Xanxi, un célèbre bonobo.

Pouvez-vous nous présenter Xanxi et ses capacités étonnantes ?
Xanxi est un mâle bonobo d'environ 15 ans qui a toujours vécu en captivité. Dès son plus jeune âge, il a appris sur un clavier à reconnaître des symboles désignant des choses (fraise) ou des actions (donner). Il en connaît aujourd'hui plus de 200. Il est aussi capable de réaliser des consignes qui associent plusieurs symboles,

Mère et bébé

La maman

- Elle a son premier bébé vers l'âge de 13-15 ans.
- Elle n'a qu'un seul bébé, tous les 4-5 ans, quand elle a cessé d'allaiter le précédent.

- La gestation dure 8 mois environ.

Le bébé

- Il pèse à la naissance :

- Devenu adulte, il pèsera :

- Fin de la croissance : vers 14-16 ans
- Espérance de vie :

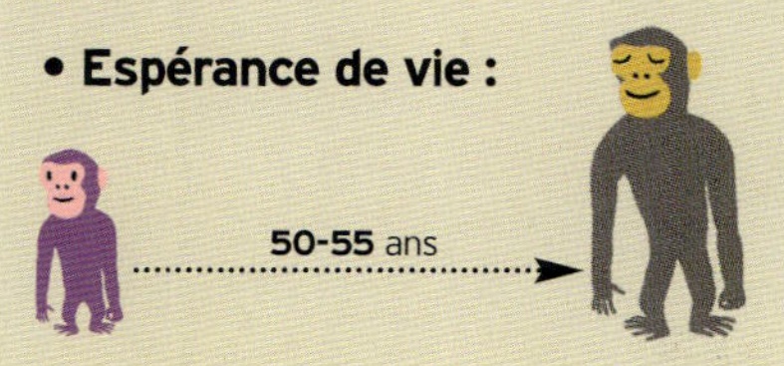

Au bout de 4 ans, la mère cesse d'allaiter son bébé. Mais elle continue de s'en occuper. Ici, une mère va partager un fruit avec son petit qui quémande en tendant la main. Celui du fond vient juste d'être sevré : pour compenser, il suce son pouce.

Chez de nombreux mammifères, le jeu fait partie de l'éducation. Les petits s'amusent entre eux ou avec les plus grands. Chez les bonobos, cela se fait souvent avec humour. Ils savent vraisemblablement sourire, rire et se moquer d'eux-mêmes.

Dans la forêt africaine, le danger est permanent. Des jeunes se sont aventurés dans une mare boueuse, certains se sont englués. Heureusement, une femelle les aperçoit. Elle hurle et agite les bras pour appeler d'autres femelles du groupe et leur venir en aide. Un léopard les observait...

Isidore Jamais

comme, par exemple, « donner – fraise – chien ». Xanxi comprend également très bien l'anglais.

Est-il capable de parler ?
Il émet différents sons. Mais de là à dire que c'est un langage... Il s'agit plus de vocalisations. Xanxi sait aussi reconnaître si un ordre s'adresse à lui ou à un de ses congénères. Et il est capable de tenter de faire comprendre à ce dernier ce qu'on lui demande s'il ne réagit pas. Il regarde aussi la télévision ! Mais il faut reconnaître que Xanxi est exceptionnel.

Avis de Naissance

Maman Bonobo est heureuse de vous présenter :

BANABO !

C'est un fils !

Ils resteront ensemble toute la vie.

Ils mangent

Sans nourriture, les animaux ne peuvent pas vivre. Mais ils n'ont pas tous le même appétit ni le même régime alimentaire. Celui-ci détermine leur aspect physique.

Les herbivores sont les plus nombreux : ils mangent des feuilles, de l'herbe, des graines, des fruits... Certains sont très spécialisés, comme le panda qui ne se nourrit que de pousses de bambou. Ils sont souvent chassés par les carnivores qui mangent de la viande, du poisson, des insectes. D'autres animaux mangent de tout : ce sont les omnivores. Les charognards et les décomposeurs comme les vers de terre se contentent de plantes et d'animaux morts : ils nettoient ainsi la nature en se nourrissant.

L'ours lippu et **le mandrill** sont omnivores. C'est un gros avantage : ils sont rarement à court de nourriture.

Le vautour découpe les chairs avec son gros bec. Son long cou et sa tête déplumés s'enfoncent dans le ventre du cadavre sans être salis par le sang.

Avec sa grosse pince, **le homard** broie la coquille des mollusques, la carapace des crustacés, le squelette des poissons morts. Sa petite pince découpe les chairs.

La poule picore des grains avec son bec. Comme elle n'a pas de dents, elle ne les mâche pas. Mais elle avale des graviers qui vont broyer les grains dans son jabot, une poche de son cou.

L'écureuil est un rongeur qui se nourrit surtout de graines (noix, noisettes) et de fruits. Lorsque l'hiver approche, il constitue des réserves de nourriture.

Le lamantin, surnommé « vache marine », broute les plantes aquatiques dans les mers ou les estuaires des fleuves. Ses molaires sont remplacées dès qu'elles sont usées.

Le python réticulé étouffe une jeune antilope en s'enroulant autour d'elle. Avec sa mâchoire élastique, il l'avale en entier. Il la digère pendant des semaines.

La chauve-souris vampire d'Amérique du Sud boit le sang des mammifères et des oiseaux, en perçant leurs veines avec ses dents coupantes. Sa salive empêche le sang de sécher sur la plaie.

● **Le lombric** creuse des galeries dans le sol en avalant la terre. Il mange les déchets qu'elle contient et les transforme en humus. Il contribue ainsi à la fertilité du sol.

● **L'hyène** dévore les animaux tués et laissés par les gros prédateurs. Avec sa mâchoire très puissante, elle broie les os pour en manger la moelle.

● **La roussette géante** d'Australie dévore des fruits variés. Ses canines acérées, ses larges molaires et sa puissante mâchoire lui permettent de broyer les écorces les plus dures.

● **Le pélican** utilise son bec comme un filet de pêche : il stocke les poissons qu'il capture dans sa partie inférieure.

● **La sangsue** peut vivre un an sans manger. Ce ver parasite un animal en se nourrissant de son sang.

● **Le lycaon** est un prédateur carnivore très efficace. Il peut tuer une proie bien plus grosse que lui, comme un gnou, car il chasse en meutes où le partage des rôles est bien défini.

● **La loutre de mer** brise la coquille des oursins et des mollusques dont elle se nourrit en les frappant avec ses pattes avant contre une pierre posée sur son ventre.

● **La vache** broute l'herbe des prés ou mange l'herbe sèche (le foin). Elle rumine, c'est-à-dire qu'elle fait remonter dans sa bouche l'herbe pré-digérée dans son estomac avant de l'avaler pour de bon.

● **Le fourmilier** creuse un trou dans une fourmilière ou une termitière avec les griffes de ses pattes avant. Il enfonce sa langue de 50 cm : les insectes restent collés à ce tuyau enduit d'une salive gluante.

Mangeurs-mangés

Dans la nature, les animaux ont des techniques variées pour chasser et se nourrir. Ils déploient aussi beaucoup d'astuces pour ne pas être mangés.

Dans un même milieu, un animal cherche à manger certaines espèces dont il est le prédateur. Il risque aussi d'être mangé par d'autres animaux dont il est la proie. Tous ces animaux forment les maillons de chaînes alimentaires où chacun joue un rôle de mangeur-mangé. Tout en haut de ces chaînes, les « superprédateurs » ne craignent rien et peuvent n'être que des mangeurs. Sauf si un homme passe par là avec un fusil...

L'iguane tout vert passe inaperçu au milieu du feuillage. Il chasse à l'affût et a repéré un longicorne sur la branche.

❖ **Le longicorne** orange est facilement repérable. Mais comme souvent dans la nature, cette couleur vive est une manière d'afficher qu'il est toxique.

Le jaguar se camoufle dans la lumière tamisée du sous-bois grâce à sa fourrure tachetée. Ce superprédateur guette ses proies au sol ou dans les arbres. C'est aussi un excellent nageur.

La sauterelle-feuille se confond avec une feuille quand ses ailes sont repliées. Une fois repérée, elle tente d'effrayer son prédateur, en ouvrant brutalement ses ailes où figurent deux ronds semblables à des yeux inquiétants.

Le tatou géant est protégé par une épaisse carapace formée d'écailles. En cas d'attaque, il peut creuser en quelques minutes un terrier où se cacher, se rouler en boule ou s'enfuir.

La mygale a détecté les vibrations émises par la sauterelle. Elle va s'abattre sur elle, la saisir avec ses pattes avant et la paralyser en lui injectant un violent poison.

En Amérique du Sud, **la forêt amazonienne** regroupe le plus grand nombre d'espèces animales différentes. C'est donc là que les techniques de chasse et de camouflage sont les plus variées et les plus étonnantes.

On pourrait croire que les couleurs vives de **l'ara** le rendent facile à repérer. En réalité, il vit dans la partie haute et éclairée de la forêt. Et la lumière, qui fait briller ses plumes, le rend indiscernable.

Le serpent corail est reconnaissable à ses anneaux colorés. Il est tellement venimeux qu'il est peu ennuyé. D'autres serpents non venimeux imitent sa livrée pour bénéficier de cette tranquillité.

▲ **Le singe hurleur roux** pousse des cris audibles à des kilomètres à la ronde. Idéal pour prévenir ses congénères de la présence du jaguar.

Le paresseux est très lent : il ne peut donc pas échapper par la fuite à un prédateur. En revanche, il abrite dans son pelage une algue verte qui lui sert de camouflage efficace.

Les grenouilles dendrobates peuvent être bleu azur, vert acide, rouges... : des couleurs qui affirment haut et fort qu'elles sont toxiques.

Le cabiai est le plus gros des rongeurs. Il se nourrit de plantes aquatiques au bord des rivières. Pour échapper au jaguar, ce bon nageur va se cacher dans l'eau, ne laissant dépasser que ses yeux, ses oreilles et ses narines.

Le caïman se confond avec un tronc d'arbre mort. À l'affût, alors qu'il a repéré le cabiai, il ne laisse émerger que ses yeux et ses narines. Soudain il va bondir sur sa proie et l'entraîner au fond de l'eau pour la noyer.

Les piranhas chassent en bancs. Ces carnivores attaquent de gros animaux blessés dont ils sentent le sang. Avec leurs dents coupantes comme des lames de rasoir, ils les déchiquetteront entièrement.

Drôles d'animaux !

Les animaux sont incroyables et ont parfois des comportements étonnants. En voici quelques exemples parmi les plus spectaculaires.

Quand il fait trop chaud, **l'écureuil fouisseur** dresse au-dessus de lui sa queue qui lui sert de parasol.

Le dragon volant s'élance d'un arbre et plane dans les airs. Pour cela, ce reptile déploie, tel un parachute, la membrane de peau qu'il a entre les pattes.

Les femelles **bousiers** font des boulettes de bouse qui nourriront leurs larves dans leur terrier.

Les pique-bœufs sont posés sur **l'antilope** pour dévorer les parasites de sa peau. Grâce à cette coopération, l'antilope est en bonne santé et les pique-bœufs ont de quoi manger.

Le grand dragon de mer, un hippocampe australien, a une peau qui ressemble à un manteau d'algues. Idéal pour se camoufler en toute sécurité !

Cette grenouille fait la morte : elle se met sur le dos, ralentit son rythme cardiaque et se raidit. Un bon moyen pour détourner un prédateur !

Le jeune **kangourou** est trop grand pour se réfugier dans la poche de sa mère : en revanche, il n'hésite pas à y cacher sa tête s'il veut être rassuré...

Si le nez des femelles et des jeunes **nasiques** est retroussé, celui des mâles ressemble à une trompe. Il s'allonge avec l'âge et peut atteindre 10 cm !

Les fourmis Atta d'Amérique du Sud sont des cultivatrices. Elles transportent jusqu'à la fourmilière des feuilles qui leur servent de litière pour faire pousser les champignons dont elles raffolent.

En se réfugiant entre les bras urticants de **l'anémone de mer, le poisson clown,** immunisé, se protège de ses prédateurs.
En contrepartie, il attire des petits animaux que l'anémone dévore.

> « **Sourire trois fois tous les jours rend inutile tout médicament.** »

Proverbe chinois

La découverte du corps est un voyage... extraordinaire ! Dans un film de 1966 justement intitulé *Le Voyage fantastique*, cinq personnes, réduites à une taille microscopique, entrent dans les veines d'un être humain à bord d'un sous-marin miniature. Leur mission : atteindre le cerveau pour détruire un caillot de sang. Au cours de cet incroyable périple, ils vont affronter les pires dangers : les globules blancs et les anticorps, véritables armées, vont leur mener la vie dure ! C'est que notre corps est une machine sacrément bien organisée, qui n'aime pas beaucoup les intrus ni les imprévus... Accroche-toi, ça risque de secouer dans les pages suivantes !

Le corps de l'homme évolue tout au long de sa vie. La simplicité de cette loi naturelle est merveilleusement résumée dans la question que le Sphinx posa à Œdipe sur le chemin de Thèbes : « Quel est l'animal qui a quatre pieds au matin, deux à midi et trois le soir ? ». « L'homme », répondit Œdipe : il marche à quatre pattes quand il est nourrisson, se tient debout à l'âge adulte et s'aide d'une canne dans sa vieillesse.

Selon ce mythe grec, Œdipe fut le premier à trouver la réponse et libéra Thèbes de la terreur du Sphinx.

Notre corps

En 1818, Mary Shelley a imaginé l'histoire d'un savant qui parvient à donner vie à un être humain à partir de morceaux de cadavres. Mais ce savant, moins doué que les dieux, est effrayé par la laideur de sa créature. Il décide de l'abandonner. Repoussé par les humains, le monstre s'en prend, par vengeance, à tous les êtres chers aux yeux de son créateur. Il exige de lui une compagne avec laquelle il puisse vivre. Le savant n'a pas d'autre issue que de tuer sa créature et de se tuer pour mettre fin à cette horrible aventure. Il s'appelait Victor Frankenstein…

" La nature nous a donné deux oreilles et seulement une langue afin que nous puissions écouter deux fois plus que nous ne parlons. "

Proverbe grec

Sans corps, l'homme n'existe pas ! Enveloppe charnelle qui délimite un espace intérieur, celui du squelette et des organes, le corps permet aussi d'entrer en relation avec le monde extérieur : ressentir des sensations, communiquer, explorer l'espace environnant…

Dans ton corps, beaucoup de choses vont par deux, comme tu le sais. Les yeux, les oreilles, les poumons, les bras, les jambes et même les narines… Selon un conte catalan, les premiers hommes possédaient tout cela et le reste en double. Ils étaient faits de deux corps enchevêtrés et avaient la forme d'une croix. Cela signifie qu'ils pouvaient faire des enfants « tout seuls » ! Au bout d'un moment, comme ils se reproduisaient trop vite, on décida de les couper en deux : c'est pourquoi depuis ce jour, chacun recherche sa moitié dans l'amour !

Secrets de fabrication

Le corps humain ressemble à un montage ingénieux et complexe de centaines d'organes : les os, le cerveau, le cœur, les poumons, les intestins, la peau...

Les os du **squelette** forment une charpente articulée. Les articulations entre les os rendent possible la mobilité du squelette.

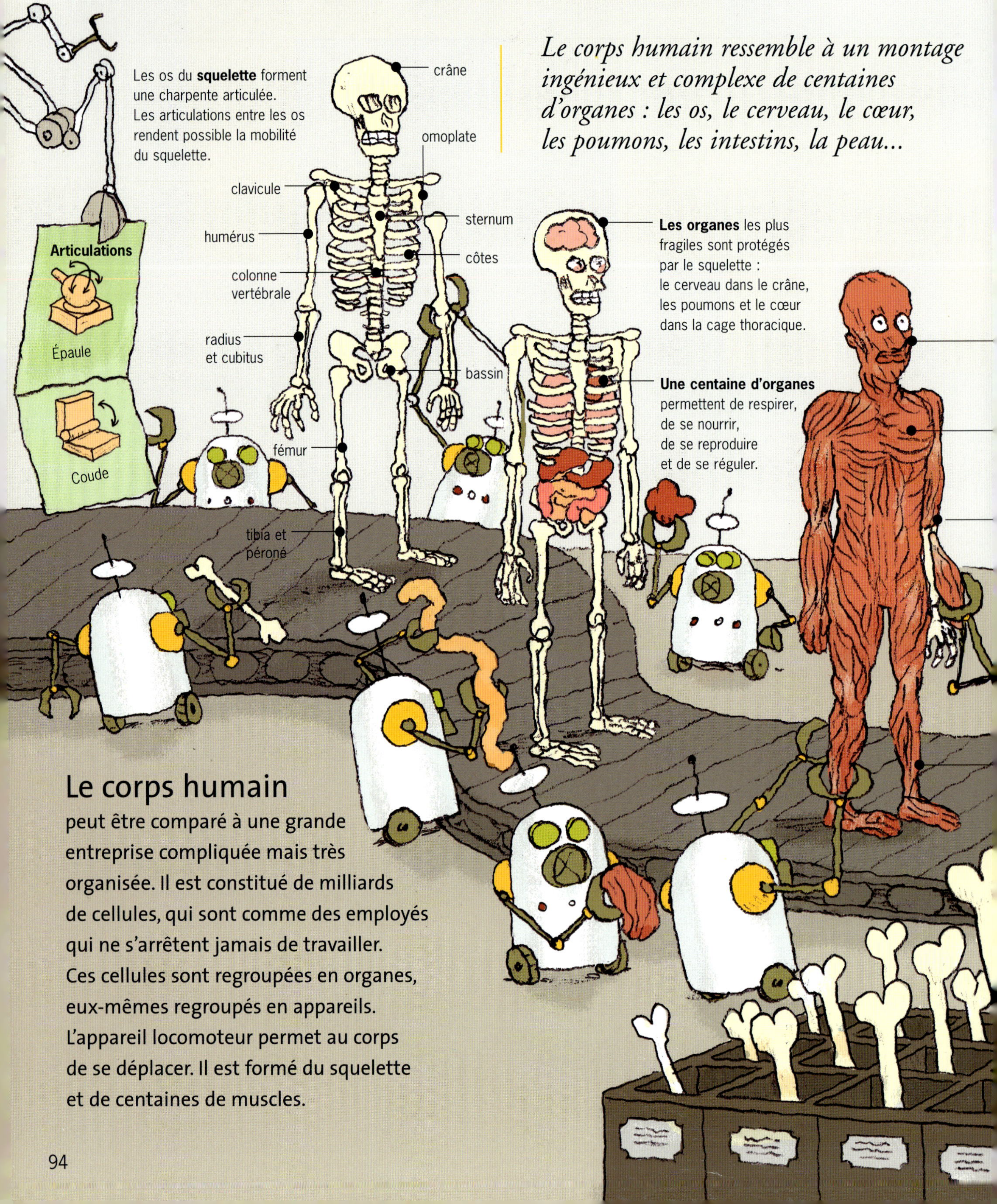

Les organes les plus fragiles sont protégés par le squelette : le cerveau dans le crâne, les poumons et le cœur dans la cage thoracique.

Une centaine d'organes permettent de respirer, de se nourrir, de se reproduire et de se réguler.

Le corps humain

peut être comparé à une grande entreprise compliquée mais très organisée. Il est constitué de milliards de cellules, qui sont comme des employés qui ne s'arrêtent jamais de travailler. Ces cellules sont regroupées en organes, eux-mêmes regroupés en appareils. L'appareil locomoteur permet au corps de se déplacer. Il est formé du squelette et de centaines de muscles.

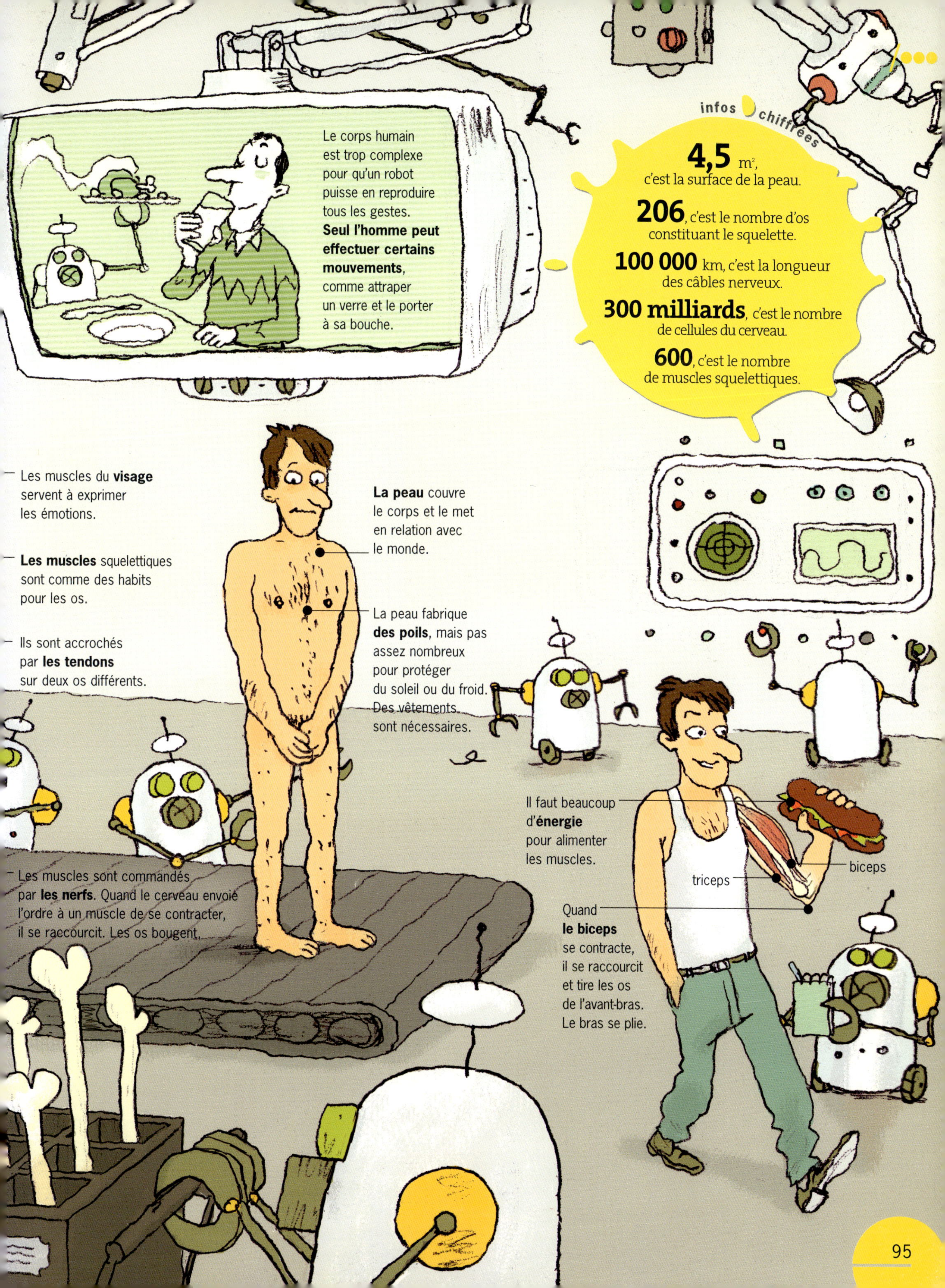

Le corps humain est trop complexe pour qu'un robot puisse en reproduire tous les gestes. **Seul l'homme peut effectuer certains mouvements**, comme attraper un verre et le porter à sa bouche.

infos chiffrées

4,5 m², c'est la surface de la peau.

206, c'est le nombre d'os constituant le squelette.

100 000 km, c'est la longueur des câbles nerveux.

300 milliards, c'est le nombre de cellules du cerveau.

600, c'est le nombre de muscles squelettiques.

Les muscles du **visage** servent à exprimer les émotions.

Les muscles squelettiques sont comme des habits pour les os.

Ils sont accrochés par **les tendons** sur deux os différents.

Les muscles sont commandés par **les nerfs**. Quand le cerveau envoie l'ordre à un muscle de se contracter, il se raccourcit. Les os bougent.

La peau couvre le corps et le met en relation avec le monde.

La peau fabrique **des poils**, mais pas assez nombreux pour protéger du soleil ou du froid. Des vêtements sont nécessaires.

Il faut beaucoup d'**énergie** pour alimenter les muscles.

triceps

biceps

Quand **le biceps** se contracte, il se raccourcit et tire les os de l'avant-bras. Le bras se plie.

Tu manges, tu te construis !

Avant d'être utilisés comme matériaux de construction ou comme carburant pour le corps, les aliments doivent être transformés. C'est la digestion.

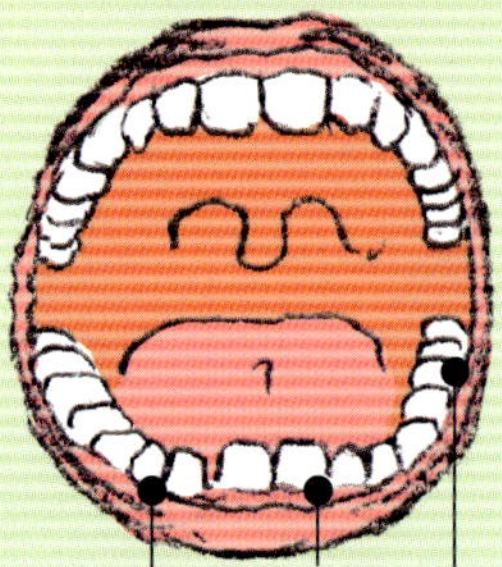

Dents

8 incisives pour couper les aliments,
4 canines pour les déchiqueter,
20 molaires pour les écraser.

Bouche

Grâce à **nos dents**, spécialisées, les aliments sont coupés, déchiquetés, écrasés et imprégnés par la salive. Ainsi, ils traverseront plus facilement **l'œsophage**, la partie haute du tube digestif.

Œsophage

Notre corps se construit et fonctionne grâce à ce que nous mangeons. Les aliments sont classés en différents groupes selon leurs apports nutritifs. Les viandes, les œufs, les poissons et les produits laitiers sont indispensables pour grandir et pour se réparer. Les céréales, les féculents (pomme de terre, lentille...) et les matières grasses apportent de l'énergie. Les fruits et les légumes verts aident à rester en bonne forme. Les boissons renouvellent l'eau que le corps perd chaque jour.

Appareil digestif

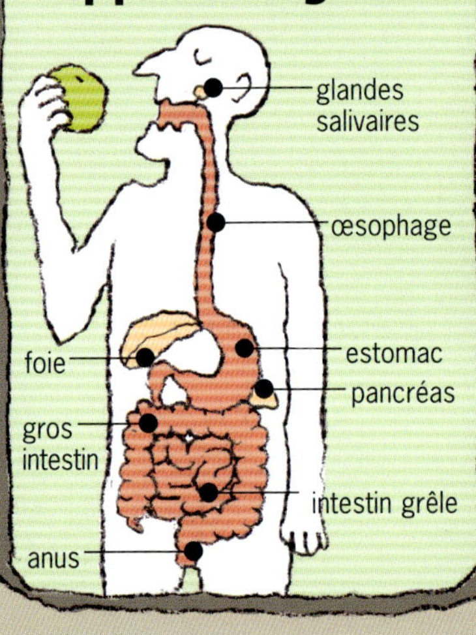

Organes

La digestion permet de transformer la nourriture et de la rendre utilisable par le corps. Tout au long de leur parcours dans le tube digestif, les aliments sont écrasés, liquéfiés, puis transformés peu à peu par les substances chimiques fabriquées par les glandes digestives. Ils sont ainsi simplifiés en tout petits éléments qui vont pouvoir passer dans le sang et être distribués à toutes les cellules du corps.

Et l'urine, d'où vient-elle ?

L'urine ne vient pas de la digestion, elle est fabriquée par les reins. Elle contient des déchets qui proviennent de ton corps et qui pourraient être dangereux. Les reins fonctionnent comme des filtres : quand le sang traverse les reins, ils le débarrassent de ces déchets et de l'eau en surplus et les transforment en urine. L'urine est ensuite stockée dans une petite poche, la vessie, avant d'être évacuée.

La nourriture arrive très vite dans **l'estomac**. Elle y est brassée entre 2 et 8 heures. Les substances chimiques du suc digestif la transforment en bouillie.

20:00

La bouillie passe dans **l'intestin grêle**. Les muscles qui tapissent la paroi de l'intestin se contractent et font avancer la bouillie. Des substances chimiques provenant de l'intestin, du foie et du pancréas poursuivent la digestion.

24:00

4 heures plus tard, les aliments consommés sont transformés. **Les nutriments**, les éléments libérés par la digestion, sont absorbés. Ils passent à travers la paroi de l'intestin et gagnent les vaisseaux sanguins.

Dans **le gros intestin**, il faut compter environ 15 heures avant que la digestion se termine. L'eau y est absorbée.

Les aliments qui ne peuvent pas être digérés forment **les excréments**. Ils sont évacués par l'anus. Plus d'une journée s'est écoulée depuis le repas !

Grâce au **cœur**, les nutriments passés dans le sang sont distribués à tous les organes.

Circulez, les globules !

En empruntant les 950 kilomètres de vaisseaux sanguins de notre corps, des milliards de globules rouges transportent l'oxygène dans tout l'organisme. C'est le cœur qui les met en circulation.

Inspirer, expirer ! Sans y penser la plupart du temps, aussi bien pendant que nous sommes éveillés que pendant notre sommeil, nous effectuons des mouvements respiratoires. Ces mouvements permettent à l'air d'entrer et de sortir régulièrement de nos poumons. L'oxygène indispensable à la vie, et qui est contenu dans l'air, peut ainsi être prélevé. Il est pris en charge par le sang. Le cœur, en se contractant, met en mouvement le sang et l'oxygène peut être distribué dans tout le corps.

métier...

contrôleur de l'air

Ce nouveau métier est indispensable dans les villes : les industries et la circulation automobile rejettent dans l'atmosphère des polluants nuisibles pour la santé. Des spécialistes effectuent chaque jour des mesures de qualité de l'air. En cas de pollution importante, ils alertent les médias et recommandent d'éviter de sortir les jeunes enfants.

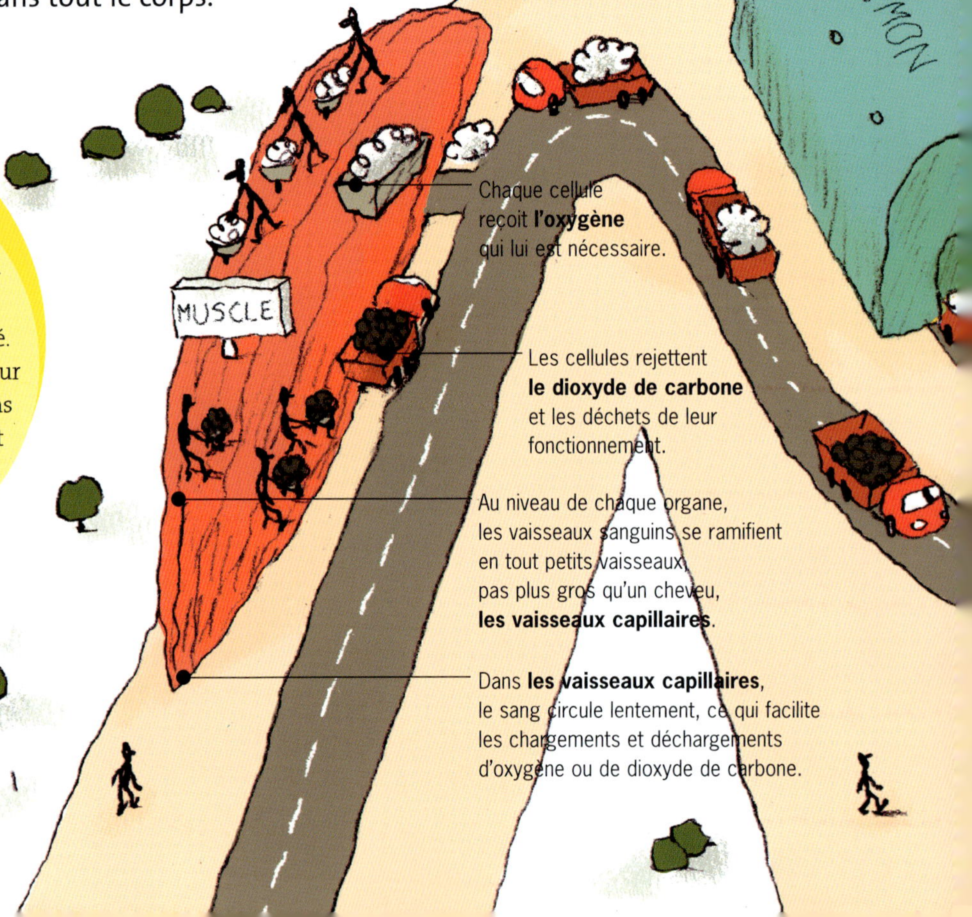

En cas d'effort physique, les muscles ont besoin de beaucoup d'énergie pour fonctionner. Le rythme respiratoire s'accélère et le cœur se met à battre plus rapidement. Les muscles peuvent ainsi recevoir plus vite l'oxygène et les aliments qui leur sont nécessaires. Après, on est tout essoufflé et on a besoin de temps pour récupérer.

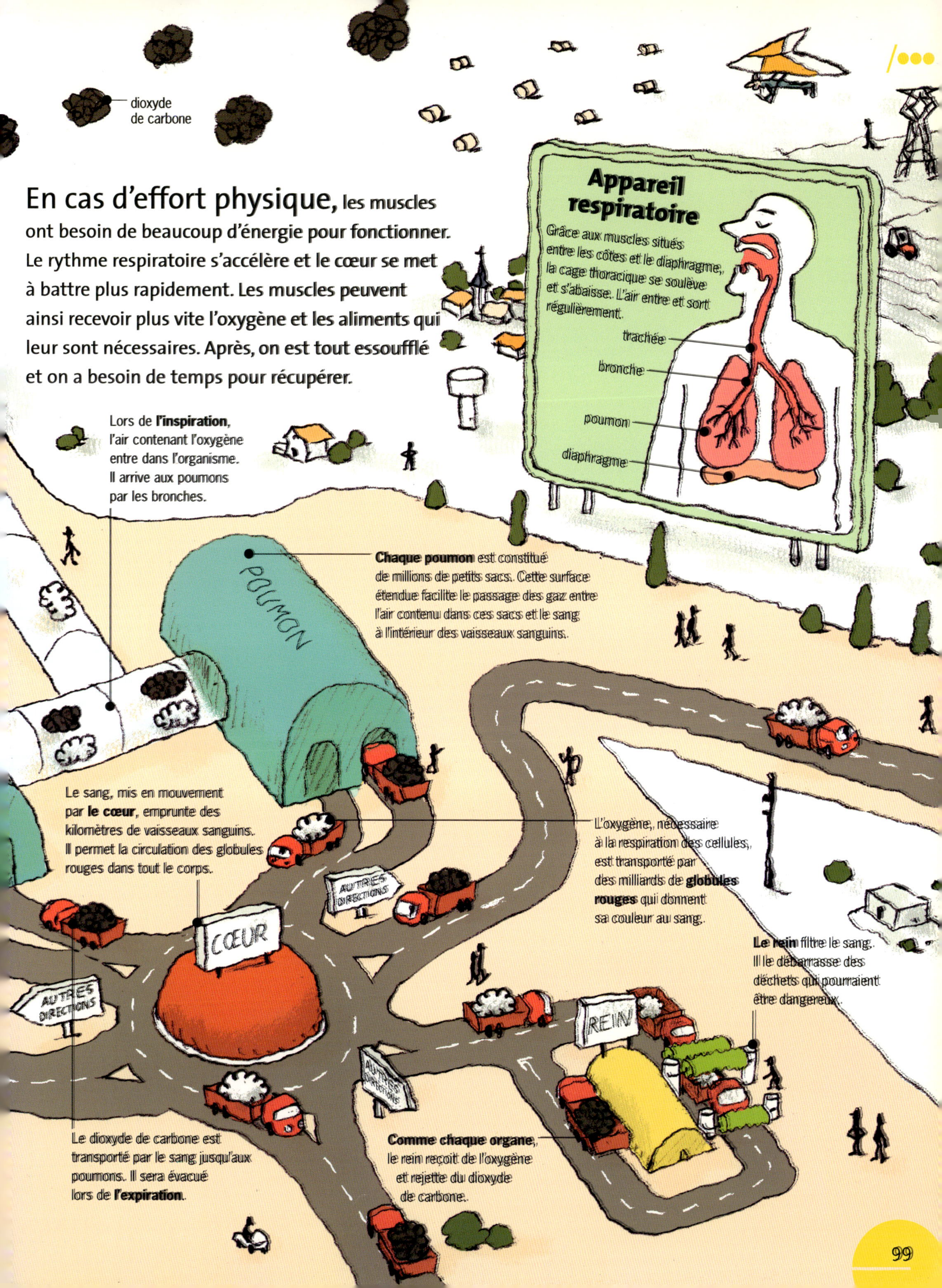

Les cinq sens

Les sens jouent un rôle essentiel dans notre perception du monde. Les organes des sens captent les stimulations et les codent en signaux. Ces signaux sont transportés par les nerfs sensoriels à des endroits précis du cerveau.

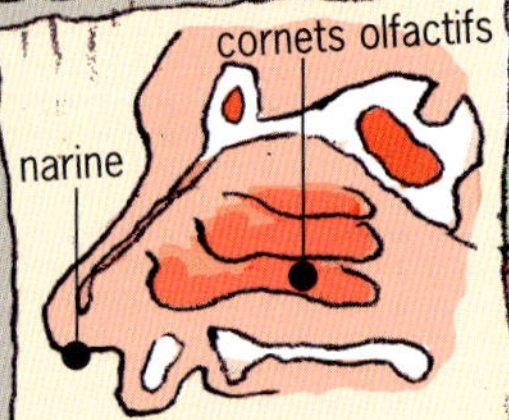

Odorat

L'air, chargé de senteurs, pénètre à l'intérieur du **nez** jusqu'à des cavités tapissées de cellules sensibles aux odeurs.

Le chien perçoit 1 000 à 1 million de fois mieux les odeurs que l'homme.

Le goût et **l'odorat** sont en étroite relation. Quand on a le nez bouché, on n'apprécie plus aussi bien le goût de ce que l'on mange.

C'est **le cerveau** qui perçoit les sensations. Il traite les informations reçues, les compare aux données mémorisées et les interprète.

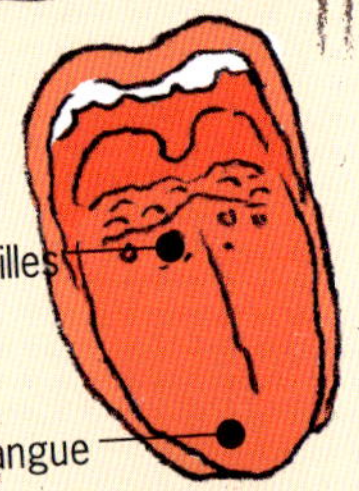

Goût

Les papilles gustatives de **la langue** savent reconnaître quatre saveurs : le sucré, le salé, l'acide et l'amer.

Vue, ouïe, toucher, odorat et goût : nos cinq sens sont comme des fenêtres étroites sur le monde extérieur. Les récepteurs de l'œil et ceux de l'oreille captent des messages émis à distance. Les cellules olfactives du nez et les cellules gustatives de la bouche sont sensibles aux substances chimiques. Les organes sensoriels de la peau répondent aux stimulations directement exercées sur le corps.

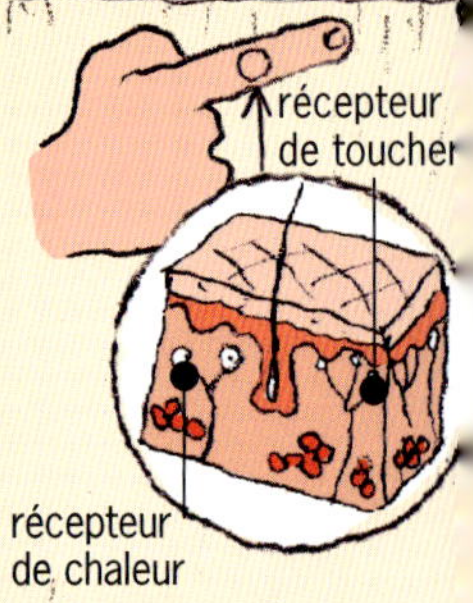

Toucher

De nombreux capteurs, répartis dans **toute la peau**, permettent le sens du toucher.

Que se passe-t-il quand un des sens fait défaut ?

Vivre avec un gros handicap sensoriel, c'est faire face à un défi pour découvrir le monde et communiquer avec autrui. Selon le handicap, on peut envisager un appareillage, une rééducation ou des apprentissages spécifiques. Ainsi, l'alphabet Braille, fondé sur un système de points en relief, permet aux personnes aveugles de lire, tandis que le langage des signes facilite la communication des personnes sourdes et muettes.

Neuf mois pour naître

1 + 1 = 1 : voici comment un homme et une femme, en s'aimant, peuvent donner naissance à un bébé, comment deux cellules reproductrices, en fusionnant, donnent un œuf qui se divisera et formera un embryon.

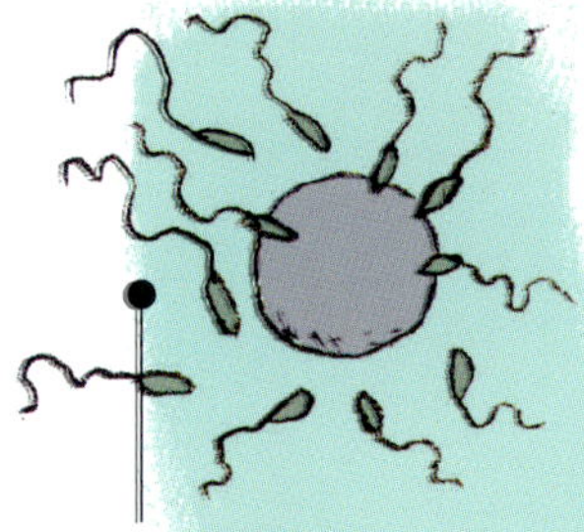

Un ovule est produit par la mère. De nombreux **spermatozoïdes** sont déposés par le père.

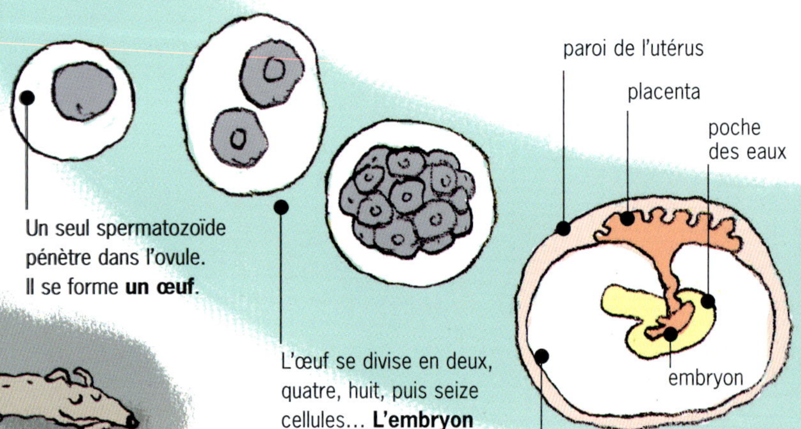

Un seul spermatozoïde pénètre dans l'ovule. Il se forme **un œuf**.

L'œuf se divise en deux, quatre, huit, puis seize cellules… **L'embryon** s'implante dans **l'utérus**, un muscle creux, très extensible, à l'intérieur du ventre de la femme.

À trois semaines, l'embryon est protégé par **une poche remplie d'eau**. Il a la taille d'un grain de blé et son cœur commence à battre. **Le cordon ombilical** le rattache à sa mère et lui apporte, grâce au placenta, les substances nécessaires à son développement.

Un homme, une femme et de l'amour :

voilà ce qu'il faut pour qu'un futur bébé puisse se former. Quand un homme et une femme s'aiment, ils ont envie de se caresser et de faire l'amour. Le plaisir qu'ils se donnent peut conduire l'homme à faire pénétrer son pénis dans le vagin de la femme qu'il aime et à y déposer un liquide qui contient de nombreux spermatozoïdes.

Organes génitaux de l'homme et de la femme

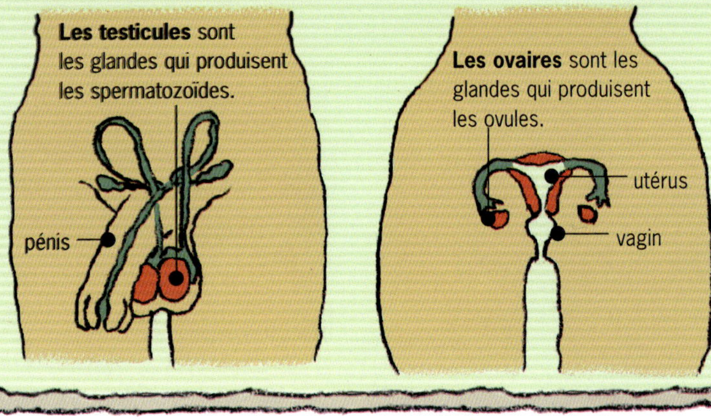

Les testicules sont les glandes qui produisent les spermatozoïdes.

Les ovaires sont les glandes qui produisent les ovules.

Tout commence à la fécondation,

quand un spermatozoïde, déposé par le père, rencontre l'ovule émis par la mère. Le spermatozoïde fusionne avec l'ovule et il se forme un œuf. Chaque cellule reproductrice apporte la moitié des informations nécessaires au développement du futur bébé. Son sexe est dès lors déterminé. L'œuf se divise rapidement et l'embryon s'installe dans le ventre de la mère. Peu à peu, il se développe. Neuf mois seront nécessaires pour que le bébé arrive à terme.

Comment naissent les jumeaux ?

Il peut arriver que deux ovules soient produits par la mère et soient fécondés en même temps. Ces deux œufs, en se développant, donneront deux embryons qui deviendront des « faux jumeaux » : ils auront le même âge, peut-être le même sexe, mais seront différents. Il peut arriver aussi qu'un seul œuf, en se divisant, donne deux embryons. Ces deux embryons seront de même sexe et identiques. Ce seront alors des « vrais jumeaux ».

fœtus

cordon ombilical

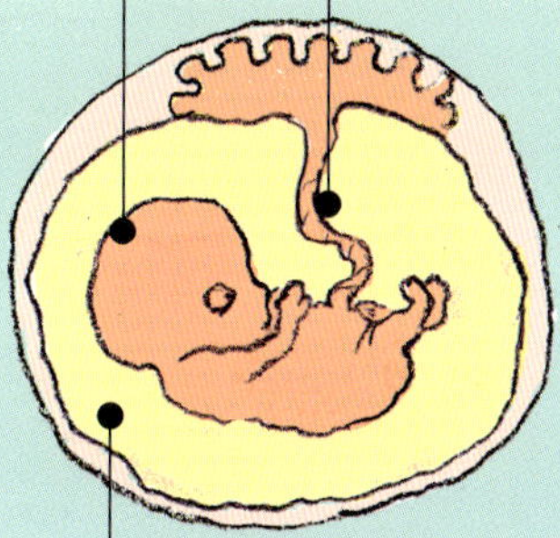

À trois mois, le fœtus a **une forme humaine** reconnaissable. Les principaux organes sont en place. La croissance va se poursuivre jusqu'à la naissance.

poche des eaux

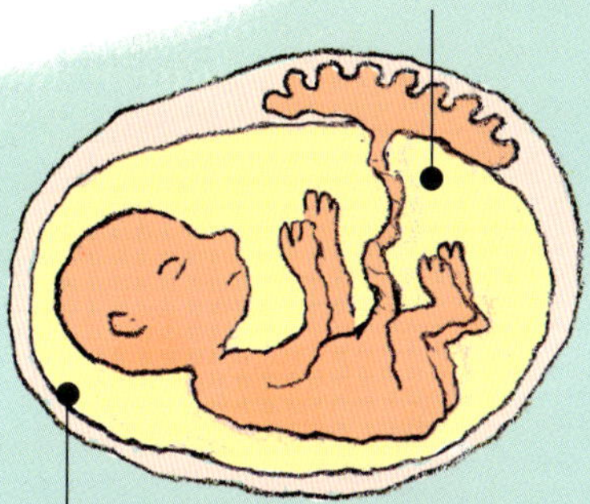

À sept mois, le développement du fœtus n'est pas encore achevé. Si l'enfant naît, il est **prématuré**. Il est placé en couveuse et a besoin de soins particuliers.

À neuf mois, **l'enfant est à terme**. Les contractions de l'utérus le poussent à l'extérieur. Quand le bébé est sorti, le médecin coupe le cordon ombilical. La petite cicatrice formera le nombril. Le bébé se met à pleurer, sa respiration devient autonome.

Des techniques, comme **l'échographie** qui donne des images du fœtus, permettent de suivre la grossesse.

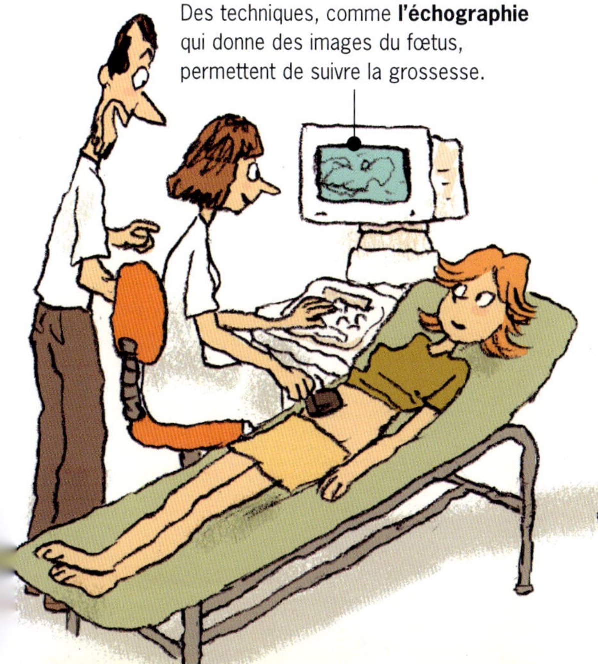

Tranches de vie

Enfance, adolescence, vie adulte, vieillesse : chaque étape de la vie apporte ses transformations, ses expériences et ses rencontres.

Tout au long de l'enfance, le corps grandit et se transforme lentement. L'enfant développe ses capacités d'apprentissage et son désir de découvertes. Vers 11-12 ans, sa croissance s'accélère et plusieurs changements se produisent. Des poils apparaissent sous les bras et autour du sexe. Ce sont les premiers signes de la puberté. La petite fille ou le petit garçon devient peu à peu une jeune femme ou un jeune homme.

Jusqu'à 3 mois, **le bébé** dort beaucoup. Il tète le sein de sa mère ou boit des biberons de lait.

À 3 ans, l'enfant va à l'école maternelle. Il parle de mieux en mieux.

Rubéole, oreillons, varicelle... **Ces maladies infantiles** dues à des microbes ne sont pas graves mais très contagieuses.

À partir de 8 mois, le bébé émet des sons articulés. Il se tient assis, se déplace à quatre pattes et touche à tout !

Garder des activités intellectuelles et physiques aide à mieux vivre sa **vieillesse**.

À 6 ans, l'enfant apprend à lire et à écrire. La première dent définitive sort.

Entre 10 et 18 mois, le bébé apprend à marcher seul. Il mange avec une cuillère et comprend de nombreux mots.

À 4 ans, l'enfant, de plus en plus habile, apprend à faire du vélo.

Être en bonne santé, c'est être bien dans son corps et bien dans sa tête. Une bonne hygiène, une alimentation équilibrée, faire du sport et se sentir aimé aident à maintenir cette santé.

infos chiffrées

En 70 ans, la vie, c'est aussi :

200 jours à se laver

6 ans à manger

9 ans pour son métier

23 ans à dormir

450 jours d'école (jusqu'à la fin du collège)

Les vaccins protègent de maladies qui peuvent être graves.

Souvent, il faut du temps à **l'adolescent** pour découvrir son nouveau corps.

Peu à peu, les jeunes découvrent les sentiments amoureux et **des couples** se forment.

À la puberté, les seins de la jeune fille se développent. Chez les garçons, la voix devient plus grave.

Il arrive que le corps souffre

suite à un accident ou une maladie. Ou qu'un handicap rende plus difficiles les activités quotidiennes. Des soins appropriés et la solidarité des autres peuvent aider à retrouver la santé. Malgré tout, au fil des ans, l'organisme s'use, il se fatigue plus vite : c'est le vieillissement. Le rythme des personnes âgées se ralentit, mais elles ont encore tellement à partager !

Vivre un handicap, passager ou définitif, nécessite parfois des aménagements pour la vie quotidienne.

Bon pour la santé, **le sport** développe aussi la confiance en soi et le respect des autres.

le Petit doKéo

Ella Raison, rédactrice en chef
Édith Moitout, interviewuse
Isidore Jamais, reporter-photographe
Anna-Lyse Poussé, analyste
Jean Rigole, dessinateur
Jean-Félix Pottins, rédacteur de brèves

Édito

Le paludisme, appelé aussi malaria, représente aujourd'hui la première maladie parasitaire au monde. Le responsable ? Un parasite, transmis par la piqûre de la femelle d'un moustique, l'anophèle. Un tiers de l'humanité vit dans des zones à risque, qui sont souvent aussi des pays en voie de développement.

Ella Raison

Jean Rigole

Chasse au paludisme : **la maladie revient !**

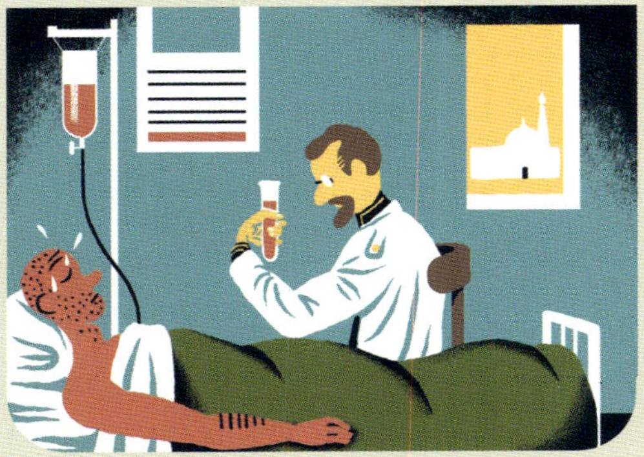

Depuis longtemps, on savait que les hommes vivant dans des régions chaudes et humides pouvaient souffrir de paludisme ou « fièvre des marécages ». On avait constaté que l'assèchement des marais diminuait le nombre de malades, mais on ne comprenait pas pourquoi. À quoi était due cette maladie ? À l'air ? Aux eaux des marécages ? À autre chose encore ?

En 1880, Alphonse Laveran, un médecin militaire français en Algérie, prouve que la cause de la maladie ne réside ni dans les eaux, ni dans l'air des marécages. Il observe que le sang des malades est infecté par un parasite, le plasmodium, qui tue les globules rouges du sang. Mais comment ce parasite peut-il être transmis ?

L'interview d'Édith

Kofi a neuf ans. Il est écolier au Ghana, en Afrique de l'Ouest.

Bonjour Kofi. Tu es malade du paludisme et tu as régulièrement des crises. Peux-tu nous dire ce que tu ressens alors ?
Les crises sont vraiment difficiles. Elles arrivent de façon soudaine. Sans raison précise, je me sens brusquement très mal et privé de toutes mes forces. Tout me dérange alors : la lumière ou bien la voix de ma petite sœur.

En bref...

Des précautions pour les voyageurs

Se couvrir de la tête aux pieds avec des vêtements légers et amples. Utiliser des crèmes anti-moustiques. Prendre régulièrement des médicaments pour prévenir la maladie. Voici les recommandations indispensables pour tout voyageur qui se rend dans une zone à risque de paludisme.

2002 : une année historique !

En 2002, les scientifiques ont décrypté tous les gènes de l'anophèle, ceux du plasmodium et ceux de l'homme. De grands espoirs y sont associés : pouvoir mieux lutter contre le moustique, fabriquer des médicaments pour détruire le parasite, ou bien encore pouvoir inventer un vaccin pour l'homme.

Jean-Félix Pottins

En 1897, Ronald Ross, un médecin anglais aux Indes, démontre que c'est un moustique, l'anophèle, qui transmet le parasite. L'énigme est résolue. Quand un moustique femelle pique un homme ou une femme malade, il absorbe le parasite qui est dans son sang. Lorsqu'il pique ensuite un autre être humain, il lui passe le parasite et lui donne la maladie.

À partir des années 1950, un programme mondial de lutte contre le paludisme est mis en place : assèchement des marais, utilisation d'un insecticide puissant. Depuis 30 ans, l'insecticide n'est plus utilisé car il détruisait l'environnement. Les moustiques sont devenus résistants et les médicaments moins efficaces. Depuis 10 ans, l'effort porte sur la recherche.

Isidore Jamais

Le paludisme dans le monde

par Anna-Lyse Poussé

En vert, les zones touchées par le paludisme

Chaque année, le paludisme tue entre 1,5 million et 2,7 millions de personnes. 9 cas sur 10 surviennent en Afrique, mais la maladie fait son retour en Inde et dans d'autres pays d'Asie. Il y a entre 300 millions et 500 millions de malades dans le monde.

On parle de fortes fièvres.
Oui. Très vite, je me retrouve comme à l'intérieur d'une glacière. Je tremble et je grelotte de partout. Même si on m'enveloppe de couvertures, rien n'y fait. Je sue à grosses gouttes, mais j'ai l'impression d'être rempli de glace.

Il n'y a pas de médicament ?
Si. Comme j'ai la chance d'habiter près de l'hôpital, une infirmière me fait des piqûres. Ça soulage un peu.

La fièvre dure longtemps ?
Les poussées de fièvre durent plusieurs heures et elles reviennent régulièrement, souvent tous les trois jours. Après une crise de paludisme, je suis épuisé et j'ai besoin de plusieurs jours pour me remettre debout.

20

Quelle histoire !

Lorsqu'ils découvrent l'Amérique, au 16e siècle, les conquistadors espagnols se lancent à la recherche d'El Dorado, l'homme dont le corps est couvert d'or, celui qui règne sur une fabuleuse cité, elle aussi en or. Les conquistadors parcourent la Colombie, le Venezuela, la Guyane... Hélas, pas d'El Dorado, pas de cité fabuleuse ! Alors les conquistadors pillent les villages qu'ils traversent. Si l'El Dorado reste un mythe, les vols, eux, ont malheureusement bien eu lieu.

As-tu déjà entendu parler de la machine à remonter le temps : un engin capable de te propulser aussi bien dans le passé que dans le futur ? Cette machine, on la trouve... dans les pages d'un roman écrit en 1895 par Herbert George Wells et intitulé justement *La Machine à explorer le temps*. Alors, si tu es prêt à partir pour l'an 802 701, accroche-toi bien fort à la couverture du livre au moment du décollage !

“ L'histoire est une histoire à dormir debout. ”

Jules Renard (1864-1910)

C'était pourtant écrit : « La mort dérangera de ses ailes celui qui dérangera le pharaon. » Mais le 4 novembre 1922, l'archéologue Howard Carter et son équipe étaient bien trop heureux d'avoir découvert la tombe de Toutankhamon pour prêter attention à cet avertissement inscrit en hiéroglyphes à l'entrée de la crypte. Hasard ? Malédiction ? Dans les années qui suivirent, 17 savants de cette expédition perdirent la vie dans des circonstances mystérieuses...

Notre histoire

« Les humains disent que le temps passe. Le temps dit que les humains passent. »

Proverbe sanscrit

Le temps a coulé, les hommes se sont succédé avec leurs petites et grandes histoires, leurs cultures, leurs guerres, leurs dirigeants. À quoi ça sert, l'histoire ? Peut-être à comprendre ce que l'on doit à ceux qui nous ont précédés, pour tracer sa voie sur le long chemin de l'humanité.

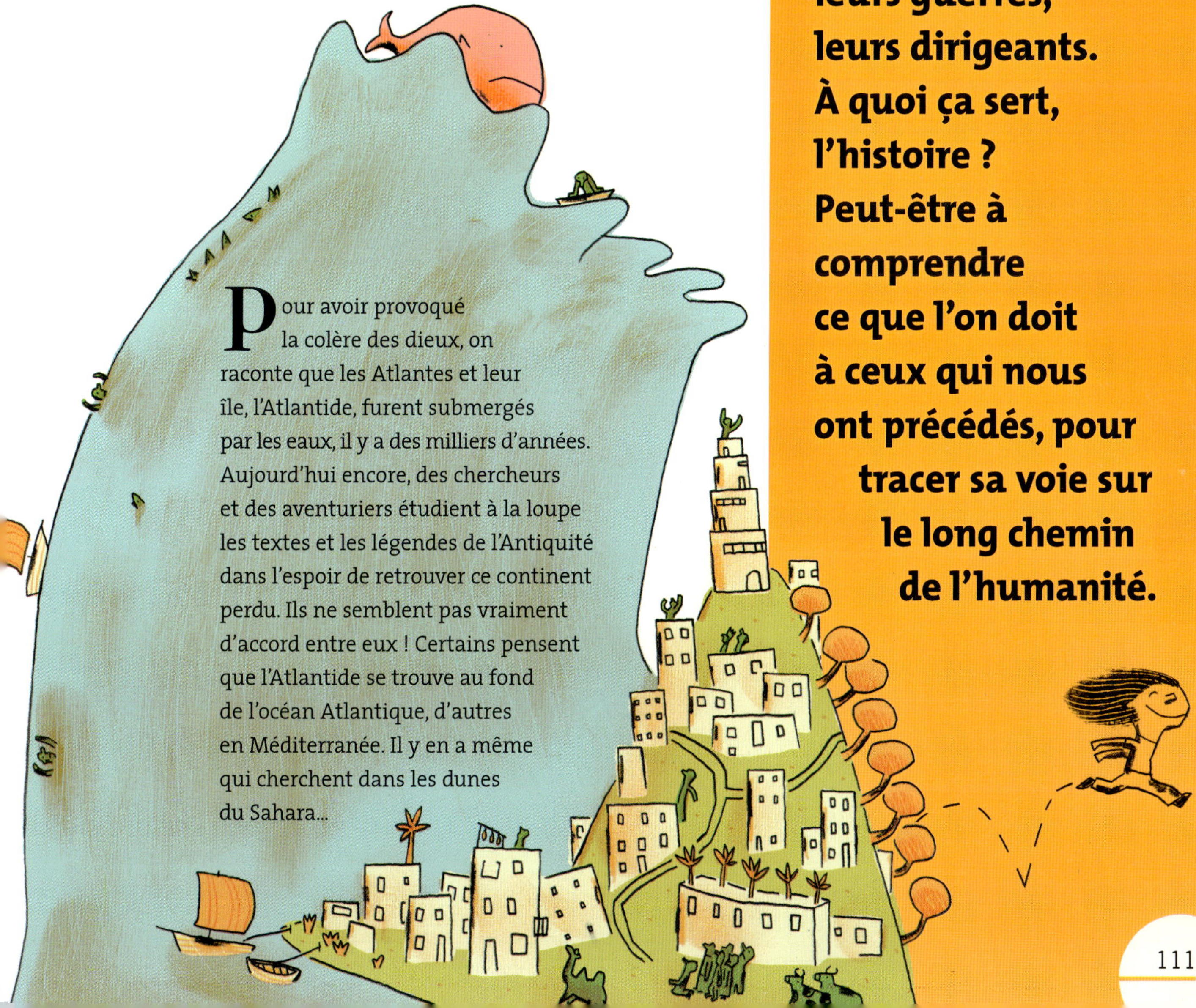

Pour avoir provoqué la colère des dieux, on raconte que les Atlantes et leur île, l'Atlantide, furent submergés par les eaux, il y a des milliers d'années. Aujourd'hui encore, des chercheurs et des aventuriers étudient à la loupe les textes et les légendes de l'Antiquité dans l'espoir de retrouver ce continent perdu. Ils ne semblent pas vraiment d'accord entre eux ! Certains pensent que l'Atlantide se trouve au fond de l'océan Atlantique, d'autres en Méditerranée. Il y en a même qui cherchent dans les dunes du Sahara...

La préhistoire

Les ancêtres des hommes sont sans doute apparus il y a plus de 6 millions d'années, sur le continent africain. C'est le début de la préhistoire, une période qui dure des millions d'années, jusqu'à l'invention de l'écriture.

chrono

- **– 6 millions d'années** Premiers représentants connus de la lignée humaine.
- **– 2,3 millions d'années** Fabrication des premiers outils.
- **– 500 000** L'homme découvre comment faire du feu.
- **– 10 000** Révolution néolithique : début de l'agriculture, premiers villages.
- **– 3 000** Invention de l'écriture, fin de la préhistoire, début de l'histoire.

Les hommes et les singes ont des ancêtres communs.

Il y a 6 ou 7 millions d'années, ces ancêtres se sont séparés en deux groupes : la lignée des singes et la lignée humaine. Les premiers représentants de la lignée humaine ressemblaient encore à de grands singes. Ils ont évolué très lentement et sont passés par bien des étapes avant de devenir des hommes comme nous.

Il y a environ 3,5 millions d'années

L'australopithèque est l'un de nos plus lointains ancêtres. Il ne sait pas fabriquer d'outils, mais il marche sur ses jambes sans se servir de ses mains.

Quelques traces de nos ancêtres…

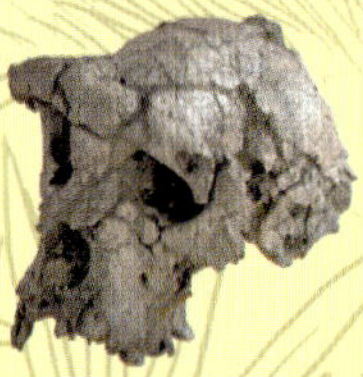

Le crâne de **Toumaï,** notre plus vieil ancêtre (6 ou 7 millions d'années).

Le squelette de **Lucy,** une australopithèque de 3,1 millions d'années.

Le plus ancien outil : un galet fabriqué par un homo habilis.

Un silex taillé sur ses deux faces **(« biface »)** par un homo erectus.

Des peintures sur les parois d'une grotte (à Altamira, en Espagne).

Il y a 2,6 millions d'années

L'homo habilis est le premier homme. Il sait fabriquer des outils et construire des cabanes avec des branches.

Il y a 2 millions d'années

L'homo erectus sait faire du feu. Il l'utilise pour faire cuire des aliments, se chauffer, éclairer le fond des grottes, éloigner les animaux, durcir la pointe de sa lance pour mieux chasser.

Il y a 200 000 ans

L'homme de Neandertal est le premier à enterrer ses morts. Avec des pointes et des silex perfectionnés, il chasse le gros gibier.

Il y a 40 000 ans

L'homo sapiens sapiens est un homme moderne, comme nous. Il est capable de sculpter des statuettes, des bijoux, de peindre des animaux sur les parois des grottes…

Très longtemps, les hommes sont des nomades. Ils se déplacent pour trouver des aliments (animaux, fruits…). Il leur faut des milliers d'années pour apprendre à produire eux-mêmes leur nourriture : cultiver la terre et élever des animaux. Comme ils ont besoin de rester près de leurs cultures pour s'en occuper, ils construisent les premiers villages et deviennent sédentaires.

Une **Vénus,** petite sculpture de femme.

Les Égyptiens

Durant 3 000 ans, les puissants pharaons d'Égypte règnent sur les rives du Nil. Leur peuple construit de gigantesques monuments, invente l'une des premières écritures, célèbre des dieux mystérieux…

chrono

- **Vers – 3100** Règne de Narmer, le premier pharaon.
- **Vers – 2600** Le pharaon Khéops construit la plus haute des pyramides.
- **Vers – 1340** Mort du pharaon Toutankhamon.
- **Vers – 1290** Début du long règne du pharaon Ramsès II.
- **– 332** L'Égypte est conquise par le Grec Alexandre le Grand.

Nous sommes en – 1343. Le jeune pharaon Toutankhamon vient de mourir. Un long cortège conduit le roi défunt vers sa tombe où, selon les croyances égyptiennes, l'attend un voyage vers l'au-delà…

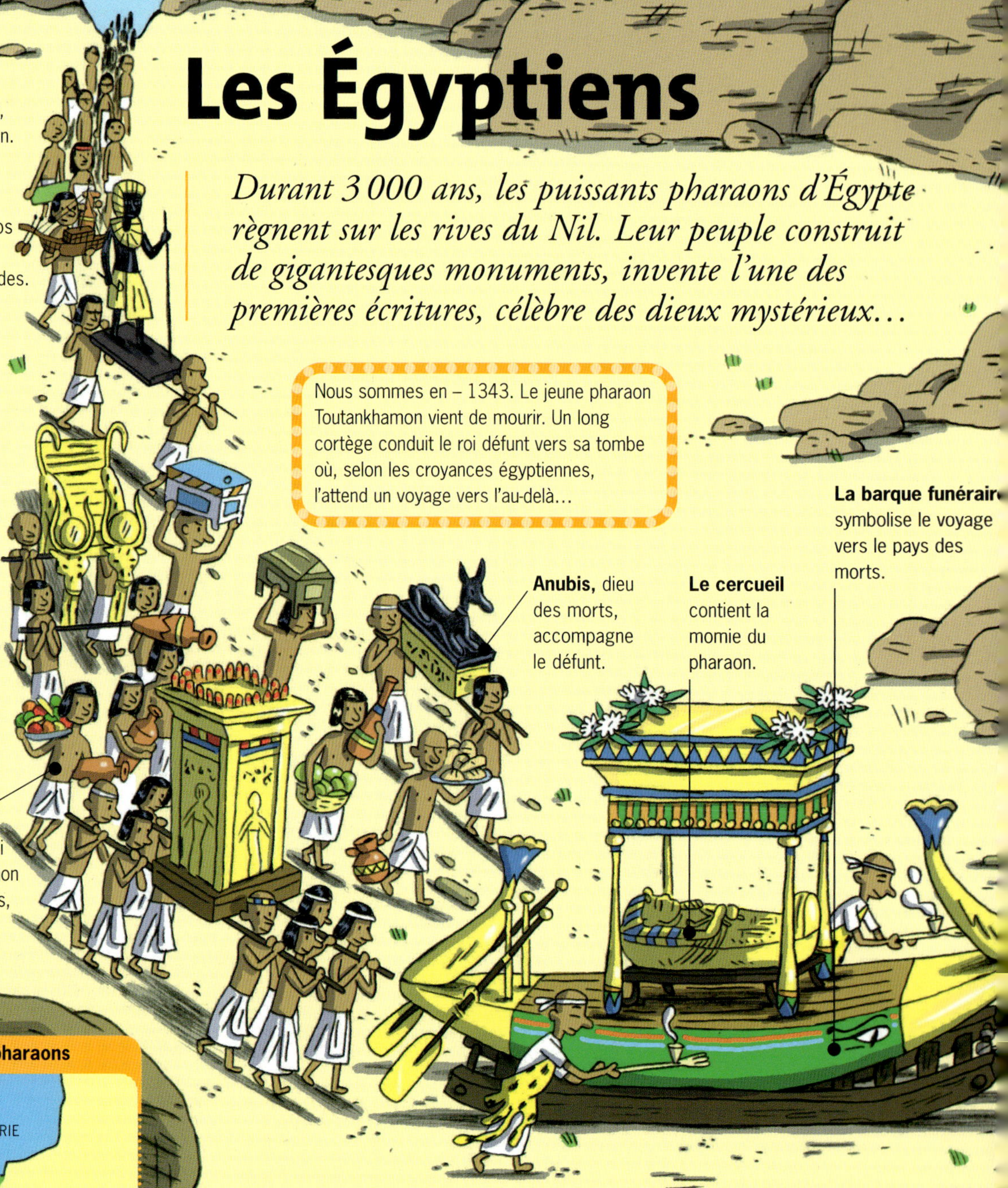

La barque funérair symbolise le voyage vers le pays des morts.

Anubis, dieu des morts, accompagne le défunt.

Le cercueil contient la momie du pharaon.

Des serviteurs transportent tout ce qui peut être utile au pharaon dans l'au-delà : meubles, bijoux, nourriture…

L'Égypte des pharaons

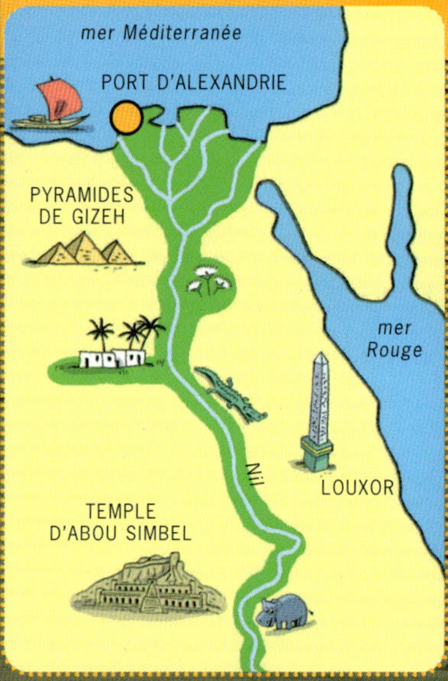

L'Égypte est un cadeau du Nil.

Sans ce fleuve, elle serait un désert. Chaque année, au mois d'août, le Nil déborde et dépose une boue fertile sur ses rives : le limon. Cette terre très riche permet de faire trois récoltes par an. Ainsi l'Égypte produit du blé en abondance, mais aussi des fruits, des légumes… Pour les Égyptiens, le Nil est un dieu. Il fait la richesse de leur pays.

À la tête de la société règne le pharaon : son pouvoir est absolu. Il est un dieu vivant, fils de Râ, le dieu Soleil. Un premier ministre l'aide à gouverner et une cour somptueuse l'entoure dans son palais. Les prêtres et les fonctionnaires font aussi partie de la haute société. La majorité de la population se compose d'artisans et de paysans.

Les Grecs, quels génies !

Il y a 2 500 ans, les habitants de la Grèce, un petit pays méditerranéen, bâtissent une brillante civilisation. Ils ont tout inventé ! Les mathématiques, la philosophie, la démocratie, les compétitions sportives…

chrono

vers – 776
1ers jeux Olympiques.

vers – 700
Expansion grecque sur les côtes de la Méditerranée.

– 507
La cité d'Athènes devient une démocratie.

vers – 480
Début de l'âge classique : apogée de la culture grecque.

– 447
Construction du Parthénon, à Athènes.

– 323
Mort d'Alexandre le Grand, qui a conquis un immense empire, allant jusqu'en Inde.

4 Les acteurs portent des masques qui représentent l'expression de leur personnage.

1 Des architectes bâtissent des temples aux proportions parfaites pour honorer les dieux.

Le plus grand temple grec : ***le Parthénon,*** *à Athènes.*

2 Les Grecs sont imbattables en **géométrie** et en **calcul.** Ils savent même mesurer le tour de la Terre.

De brillants savants : ***Thalès, Pythagore, Archimède.***

3 Des poètes écrivent de superbes récits mythologiques, qui mêlent réalité et légende. Ils inventent le théâtre comique et tragique.

Un magnifique récit : ***L'Iliade, d'Homère.***

5 Des philosophes cherchent des réponses aux grandes questions que les hommes se posent.

Des philosophes célèbres : ***Socrate, Platon, Aristote, Épicure.***

infos chiffrées

3, c'est le nombre de bains quotidiens pour un Grec.

10 m, ce serait le record de saut en longueur, jamais égalé depuis, réalisé par l'athlète Kyonis au 7e siècle.

330 000, c'est le nombre d'habitants à Athènes au 5e siècle.

18 000 km, c'est la distance parcourue par Alexandre le Grand en 11 ans.

La poupée articulée d'un enfant grec.

Une pièce de monnaie.

Ulysse, héros de l'*Iliade* et de l'*Odyssée*, peint sur un vase.

Les colonies grecques

8 Les Grecs croient en **des dieux** qui sont à l'image des hommes.

La déesse de la guerre : ***Athéna.***

9 Grâce à un entraînement difficile, les soldats grecs deviennent **des guerriers redoutables.**

De célèbres soldats : ***les Spartiates,*** *de la cité de Sparte.*

10 Les Grecs font de **la médecine** une véritable science.

Un célèbre médecin : ***Hippocrate.***

11 Pour mieux connaître les événements, **des historiens** voyagent et recueillent des témoignages.

Le premier historien : ***Hérodote.***

12 Les Grecs sont **de grands marins.** Ils naviguent très loin et installent des colonies tout autour de la Méditerranée.

Un grand port : ***Le Pirée,*** *à Athènes.*

6 Les Grecs inventent **la démocratie.** Ils sont les premiers à voter des lois et à élire leurs gouvernants.

Un grand homme politique et brillant orateur : ***Périclès.***

7 **Des sculpteurs** réalisent des œuvres d'une très grande beauté.

Un sculpteur talentueux : ***Phidias.***

Les jeux Olympiques ont lieu en l'honneur de Zeus, le roi des dieux, tous les quatre ans à Olympie. Pendant leur durée, toutes les cités arrêtent de se faire la guerre. Sur la piste du stade se déroulent la course à pied, le pugilat (la boxe), le saut, la lutte, le lancer du disque et du javelot. La course de chars se déroule sur l'hippodrome. Les vainqueurs reçoivent une simple couronne d'olivier, mais leur gloire rayonne dans toute la Grèce.

chrono

- **– 753** Fondation de Rome par Rémus et Romulus.
- **– 509** Chute de la royauté, Rome devient une République.
- **– 265** L'Italie entière est conquise par les Romains.
- **– 44** Jules César est assassiné.
- **– 27** Auguste devient le premier empereur romain.
- 0
- **476** Fin de l'Empire romain.

Rome

En Italie, Rome, un petit village de bergers, devient en quelques siècles la capitale du plus vaste empire de l'Antiquité. La civilisation romaine a duré dix siècles et ses traces demeurent encore dans toute l'Europe.

Selon la légende, c'est en 753 avant Jésus-Christ que deux frères, Romulus et Rémus, fondent le village de Rome. Ils sont abandonnés à leur naissance dans un berceau, mais une louve les sauve en les allaitant. Durant deux siècles, Rome, gouvernée par des rois, commence à se développer. En – 509, c'est la révolution : les rois sont chassés, Rome devient une République où le pouvoir appartient au peuple.

Rome est la capitale d'**un vaste territoire** où vivent 70 millions de personnes. On y circule facilement grâce aux routes construites par les soldats et les esclaves.

Les Romains sont invincibles ! Leur secret, c'est leur armée. Alors que les adversaires de Rome utilisent surtout des mercenaires*, l'armée romaine est composée de citoyens qui se battent pour défendre leur patrie. Chaque légion compte 6 000 hommes et tous les citoyens de 17 à 45 ans doivent y servir. Les légionnaires sont soumis à une discipline de fer. Grâce à cette organisation, les conquêtes sont rapides.

Un immense empire se constitue, couvrant tout le bassin méditerranéen et l'Asie Mineure. Jules César, le général romain le plus célèbre, conquiert la grande Gaule. Son neveu devient le premier empereur romain : Auguste. Les frontières de Rome s'étendent bientôt de l'Écosse à l'Arabie. Pendant plus de deux siècles, l'empire connaît une paix et une prospérité exceptionnelles. Mais au 5e siècle, les Barbares venus de l'est pénètrent à l'intérieur des territoires romains.

* Soldats qui s'engagent dans n'importe quelle armée en échange d'un salaire.

★ ANTIQUITÉ
SPECIAL

le Petit doKéo

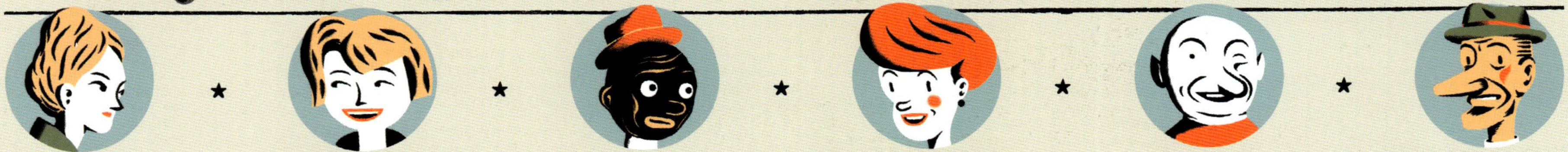

Ella Raison, rédactrice en chef ★ Édith Moitout, intervieweuse ★ Isidore Jamais, reporter-photographe ★ Anna-Lyse Poussé, analyste ★ Jean Rigole, dessinateur ★ Jean-Félix Pottins, rédacteur de brèves

Édito

Pour fêter ses grandes victoires militaires, l'empereur offre aux Romains quatre mois de spectacles gratuits. Le programme est dense : courses de chars, combats de gladiateurs, de bêtes féroces… Hier, le public était au rendez-vous pour l'ouverture des festivités !

Ella Raison

Jean Rigole

Les jeux sont ouverts !

Un spectacle grandiose a marqué cette première journée de jeux : la reconstitution de la bataille navale qui s'est déroulée à Salamine il y a six siècles. Après que l'arène eut été remplie de milliers de litres d'eau, deux navires ont fait leur entrée. À leur bord, des gladiateurs en costumes d'époque : guerriers grecs contre guerriers perses. Tir de flèches enflammées, corps-à-corps au poignard : les combats furent sanglants, les morts nombreux. Les spectateurs ont longuement applaudi. Un succès !

Les rendez-vous du jour :

- **10 h Chasse d'animaux d'Afrique**
- **14 h Course de chars avec Dioclès**
- **19 h Grand buffet offert par l'empereur aux habitants de Rome**

En bref...

14 000 gladiateurs

vont s'affronter durant ces quatre mois. Quel sort que celui de ces hommes ! La plupart sont des prisonniers de guerre vendus comme esclaves à de riches Romains. Ces derniers les placent dans des écoles spécialisées, où ils sont entraînés au combat. Quand il les juge prêts, leur maître les lance dans l'arène. Peu en sortent vivants...

Une lueur d'espoir

Si le gladiateur remporte plusieurs victoires, il peut espérer cesser les combats et devenir entraîneur dans une école de gladiateurs.

Jean-Félix Pottins

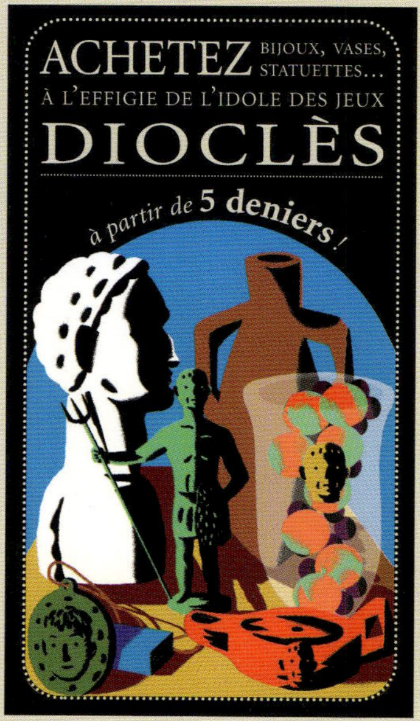

À 9 h 30, les trompettes sonnaient l'ouverture des jeux. Les gladiateurs sont alors entrés dans l'arène : les thraces et les mirmillons, armés d'un poignard, les rétiaires, avec leur filet pour capturer leur adversaire, les vélites, armés d'une lance, etc. Mais tous les regards étaient tournés vers la tribune impériale pour apercevoir l'empereur. Les gladiateurs ont défilé devant lui, prononçant le salut traditionnel : *« Ave César, ceux qui vont mourir te saluent ! »* En effet, beaucoup d'entre eux ne devaient pas voir le soleil se coucher.

Les combats ont comblé le goût du sang des Romains. Les spectateurs ont été hier impitoyables. Ils n'ont levé que deux fois le pouce. Ce geste signifie qu'ils demandent la vie sauve pour le vaincu qui s'est bien battu.

Un combat de bêtes féroces a opposé des rhinocéros et des tigres. On prévoit que 5 000 animaux seront tués au cours de ces quatre mois de jeux.

Isidore Jamais

L'interview d'Édith

Édith Moitout a rencontré l'écrivain Pline le Jeune. Il lui a confié son opinion sur les jeux.

Avez-vous, comme des millers de Romains, réservé vos places pour assister aux jeux ?
Certainement pas ! Je préfère fuir Rome ! Ce genre d'amusements m'ennuie profondément.

La virtuosité des combattants n'éveille pas votre intérêt ?
Vous savez, ce n'est pas la virtuosité qui attire tous ces spectateurs. Ils viennent défendre leur favori, et peu importe son talent. Si ce dernier changeait la couleur de sa tunique, alors le public changerait de favori. C'est une conduite abêtissante.

Vous méprisez le plaisir de la foule...
C'est vrai. Mais les Romains peuvent bien faire ce qu'ils veulent de leur temps ! Ils adorent voir couler le sang. Pour ma part, je préfère écrire sur mes tablettes, loin de ces cris féroces...

476 — **L'Empire romain d'Occident s'écroule,** vaincu par les assauts des envahisseurs germaniques.

732 — **Charles Martel** est le chef des Francs, un des plus puissants peuples germaniques. Il est installé en Gaule. À Poitiers, il bat les Arabes et arrête leur avancée en Europe.

800 — **En l'an 800, Charlemagne** se fait couronner empereur chrétien par le pape à Rome. Mais à sa mort, en 814, son empire se disloque.

840 — **Les Vikings** débarquent des lointains pays du Nord. On les appelle aussi les Normands. Ces marins intrépides pillent, brûlent et répandent partout la terreur.

1066 — **Guillaume, duc de Normandie,** traverse la Manche et attaque les Anglais. Il devient roi d'Angleterre, où il impose sa langue et ses lois.

Le Moyen Âge

La période que nous appelons « Moyen Âge » dure mille ans. Elle commence à la fin de l'Empire romain, au 5e siècle, et se termine avec la découverte de l'Amérique, au 15e siècle.

Les chevaliers combattent à cheval, protégés par une lourde armure.

C'est une époque violente.

Les guerres et les invasions sont nombreuses. Il n'existe pas de pouvoir puissant, central et organisé. Autour de son château fort, chaque seigneur défend son territoire. C'est le régime féodal. Ce n'est qu'à partir du 12e siècle que l'ordre apparaît et que de grands rois, comme Philippe Auguste, Saint Louis et Philippe le Bel, imposent leur autorité.

Seule l’Église chrétienne impose un pouvoir fort et stable durant ces siècles troublés. Après la fin de l’Empire romain, les habitants de l’Europe se sont peu à peu convertis au christianisme. Le chef de l’Église est le pape. Il commande l’ensemble des prêtres et des évêques chargés de guider et d’encadrer les croyants. La vie quotidienne de chacun est centrée sur la religion. Au fil de la journée, les cloches des églises indiquent l’heure des prières et de nombreuses fêtes religieuses rythment l’année.

Comme les images d’un livre, **les vitraux des cathédrales** racontent aux gens l’histoire religieuse.

12e siècle

De très grandes et hautes églises sont construites. Ce sont **les premières cathédrales.**

1271-1291

Le grand voyageur Marco Polo entreprend une longue traversée de l’Asie. Il va jusqu’en Chine. Il rapporte en Europe des produits inconnus : poivre, cannelle, thé, porcelaine…

1337-1453

Le roi d’Angleterre entre en guerre contre la France. Le plus long conflit du Moyen Âge commence, **la guerre de Cent Ans.**

1096-1270

Les musulmans turcs s’opposent aux pèlerinages chrétiens à Jérusalem. Le pape demande aux chrétiens de libérer les lieux saints : **la première croisade est lancée.**

1338-1351

Une terrible épidémie de peste tue un tiers de la population en Europe et en Asie.

1429

Jeanne d’Arc prend la tête de l’armée française et chasse les Anglais d’Orléans.

La vie au Moyen Âge

Au Moyen Âge, la société est partagée en trois groupes : ceux qui prient (les prêtres et les moines), ceux qui combattent (les seigneurs) et ceux qui travaillent (les paysans et les habitants des bourgs, appelés bourgeois).

À partir du 11e siècle, **la fin des invasions** facilite les échanges de marchandises, car les routes sont moins dangereuses. Grâce au commerce qui se développe, les villes deviennent plus grandes et plus riches.

Les rues des villes sont étroites et sales, sans pavés ni égouts. Les maladies se propagent très vite dans les eaux croupies. Les épidémies de peste tuent des millions de personnes.

Les jours de marché, des paysans des environs viennent en ville vendre leurs produits.

Le monastère abrite une communauté de moines. Ils prient pour le salut des hommes et travaillent sur leur domaine : travaux des champs, entretien du potager, soin des bêtes, accueil des pèlerins...
Le château fort du seigneur résiste aux assauts des ennemis. Du haut de ses murailles, quelques centaines de gardes peuvent tenir en échec toute une armée.
Les paysans cultivent les terres du seigneur. Ils lui donnent près de la moitié de leur récolte et travaillent gratuitement plusieurs jours par semaine au château : c'est ce qu'on appelle la corvée.
Le seigneur règne en maître absolu sur ses terres. Mais il a le devoir d'assurer la protection et la sécurité des paysans de son domaine.

chrono

1455
Gutenberg invente l'imprimerie.

1508
Michel-Ange décore les voûtes de la chapelle Sixtine à Rome.

1515
Après sa victoire à Marignan, en Italie, François Ier fait venir des artistes italiens en France.

1526
François Ier lance la construction du château de Chambord.

1543
Nicolas Copernic découvre que la Terre tourne autour du Soleil.

La Renaissance

La Renaissance est une période de grand épanouissement des arts et des savoirs. Elle naît dans les villes italiennes au 15e siècle.

À Venise, Florence ou Rome, puis dans toute l'Europe, on se passionne pour les connaissances et les arts de l'Antiquité. Les hommes de la Renaissance veulent aussi développer de nouveaux savoirs. On les appelle des humanistes. Peintres, architectes et écrivains deviennent des personnages reconnus, admirés et protégés des princes. Des artistes comme Michel-Ange ou Léonard de Vinci réalisent des chefs-d'œuvre. Grâce à l'imprimerie, les livres sont plus nombreux et moins chers, la pensée se diffuse mieux dans la société.

tout savoir sur...

Léonard de Vinci

Naissance : en 1452, à Vinci, près de Florence. **Métier :** « génie universel » (peintre, sculpteur, architecte, ingénieur, savant, inventeur). **Adresses :** en Italie (à Florence, Milan et Rome), puis en France (au château d'Amboise, chez François Ier). **Œuvres :** *La Joconde,* des machines volantes, un char d'assaut, etc. **Mort :** en 1519, à Amboise.

À Florence, vers 1490...

20 millions de livres sont imprimés dans la seconde moitié du 15e siècle.
Les fenêtres, bien plus grandes que celles des châteaux forts, laissent pénétrer la lumière.
Laurent le Magnifique, prince de la grande famille des Médicis, aime s'entourer d'artistes et de penseurs. Ce soir justement, il a convié à sa table d'illustres personnalités…
Les peintres nuancent de mieux en mieux les couleurs et la lumière, et savent représenter la perspective.
Laurent le Magnifique
Michel-Ange est encore très jeune, mais le prince a déjà remarqué son talent.
Sandro Botticelli, le peintre de *La Naissance de Vénus*
Léonard de Vinci
Miroirs, marbre, tapisseries et dorures couvrent les murs.
Christophe Colomb va bientôt découvrir l'Amérique, Magellan se lancer dans un tour du monde…
une montre « portative »
La table est raffinée : plats en céramique, verres vénitiens…
Pic de la Mirandole a écrit : « On ne peut rien voir de plus admirable que l'homme. » C'est un humaniste, il croit en la perfection humaine.
On ne mange plus avec les doigts, mais avec **une fourchette.**

le Petit doKéo

INTERNATIONAL

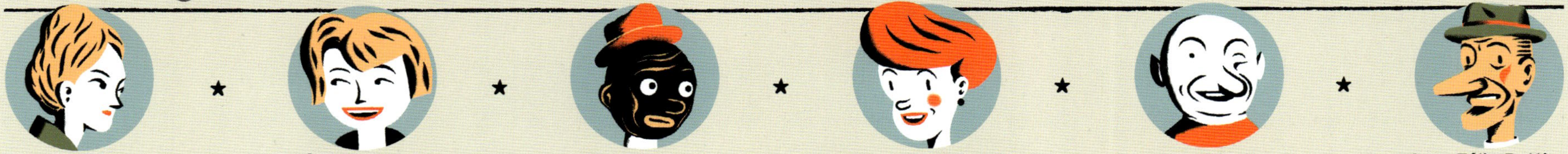

Ella Raison, rédactrice en chef ★ Édith Moitout, intervieweuse ★ Isidore Jamais, reporter-photographe ★ Anna-Lyse Poussé, analyste ★ Jean Rigole, dessinateur ★ Jean-Félix Pottins, rédacteur de brèves

Édito

La Terre est ronde ! Les savants l'affirmaient, le navigateur Fernand de Magellan en apporte la preuve. L'un des cinq navires qu'il lança autour du monde a bouclé, hier, jour de l'an 1522, le tour de la Terre. L'événement bouleverse notre vision du monde !

Ella Raison

Jean Rigole

La Terre est ronde : **on en a fait le tour !**

Le navigateur Magellan a réussi son pari : réaliser le premier voyage autour de la Terre. Le *Victoria* a regagné hier le port de Séville, d'où l'expédition était partie il y a trois ans. Des cinq navires lancés sur les mers par Magellan, c'est le seul à rentrer au port ! À son bord, il n'y a que 18 survivants sur les 250 hommes embarqués. Magellan lui-même n'assiste pas à sa victoire. Son équipage nous a appris la triste nouvelle : leur capitaine a perdu la vie il y a plus d'un an sur une île du Pacifique. Tous pleurent ce navigateur et ce compagnon d'exception.

L'interview d'Édith

Antonio Pigafetta est l'un des 18 hommes rentrés hier à Séville. Il était aussi l'un des plus proches amis de Magellan.

Monsieur Pigafetta, quelle fierté devez-vous ressentir !
Je me sens surtout épuisé.

L' expédition fut difficile ?
Terrifiante ! Dès les premiers mois, des marins se sont révoltés… Ils entendaient passer l'hiver sous les tropiques, au lieu de suivre l'itinéraire du capitaine… Un peu plus tard, nous perdions deux de nos navires : l'un a fait naufrage, l'autre est rentré en douce en Espagne !

En bref...

Poivre, cannelle, muscade...

Les Européens raffolent des épices pour parfumer leurs plats et surtout masquer le goût des viandes plus très fraîches. Si les navigateurs prennent tant de risques, c'est pour découvrir de nouvelles routes menant à elles. Sans les épices, pas de grandes découvertes !

À lire...

Dans son *Journal de bord,* Antonio Pigafetta (interviewé par Édith Moitout) raconte son tour du monde. Un récit passionnant, bientôt disponible en librairie.

Jean-Félix Pottins

Premier défi de Magellan : passer de l'autre côté de l'Amérique. Il l'a fait en empruntant d'est en ouest un bras de mer traversant le continent. En hommage au navigateur, ce passage vient d'être baptisé : détroit de Magellan.

Second défi : traverser l'océan inconnu situé de l'aute côté de l'Amérique. Excellent navigateur, Magellan a réussi à trouver sa route ! Sur les îles où il a fait escale, il a rencontré de nombreuses populations indigènes.

Isidore jamais

La découverte du détroit vous a redonné courage...
Elle nous a exténués, vous voulez dire ! Nous avons eu un mal fou à en trouver l'entrée. Et une fois dans le détroit, la navigation fut très périlleuse. Un vrai labyrinthe !

Avez-vous eu un peu de répit dans le Pacifique ?
Oui, côté météo. Mais deux des trois derniers navires ont lâché. Et nous n'avions plus rien à manger... Magellan a voulu négocier des vivres pour ses hommes auprès des indigènes. Il y a laissé sa vie. Un héros ! Croyez-moi, ce que j'ai fait, je ne l'aurais fait pour nul autre que lui !

De nouvelles routes maritimes

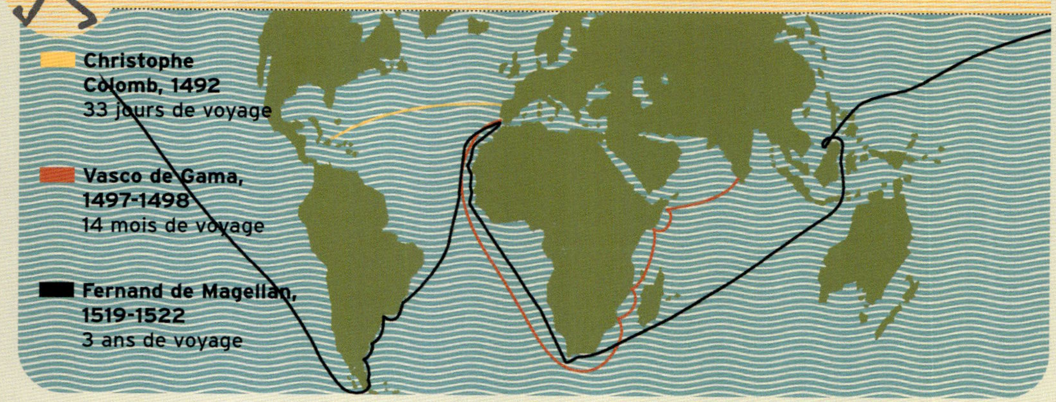

Dès le 15ᵉ siècle, les Européens veulent trouver une route maritime jusqu'à l'Asie, d'où ils rapportent épices, soieries et or. Le but ? Ne plus passer par les routes terrestres, contrôlées par les Arabes. Pour cela, des navigateurs se lancent dans une course à l'exploration du monde. De grandes découvertes sont au bout de leur route !

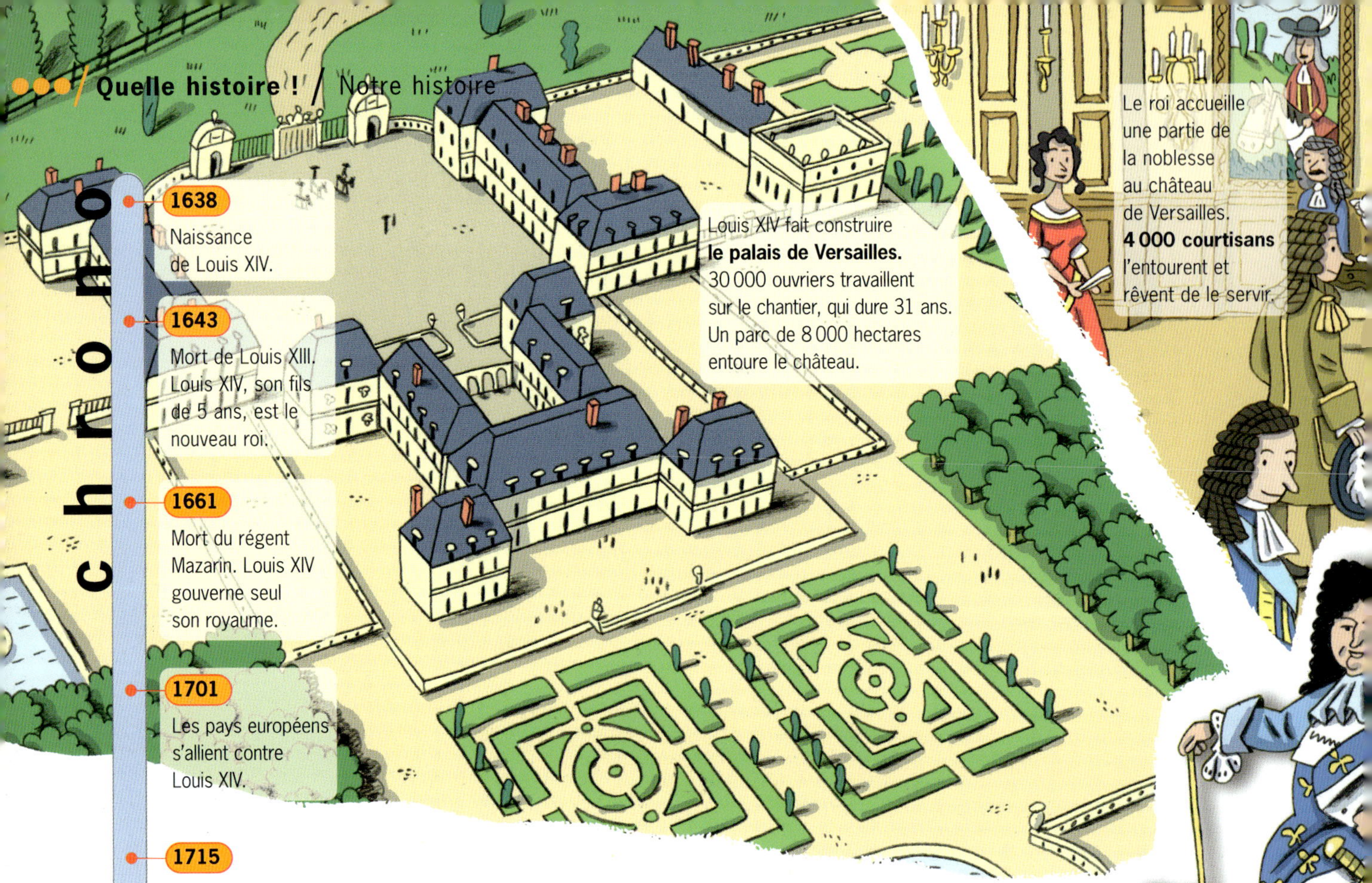

Louis XIV fait construire **le palais de Versailles.** 30 000 ouvriers travaillent sur le chantier, qui dure 31 ans. Un parc de 8 000 hectares entoure le château.

Le roi accueille une partie de la noblesse au château de Versailles. **4 000 courtisans** l'entourent et rêvent de le servir.

chrono

1638 Naissance de Louis XIV.

1643 Mort de Louis XIII. Louis XIV, son fils de 5 ans, est le nouveau roi.

1661 Mort du régent Mazarin. Louis XIV gouverne seul son royaume.

1701 Les pays européens s'allient contre Louis XIV.

1715 Mort de Louis XIV.

Louis XIV, le Roi-Soleil

Au 17e siècle, le roi Louis XIV gouverne la France. Il veut que son pays brille dans le monde entier, à l'image de son emblème, le Soleil.

anecdote

Déjeuner-spectacle

Certains jours, le déjeuner du roi est ouvert au public ! Sa Majesté mange devant son peuple, au son des violons et des flûtes. Aux potages et entrées succèdent rôtis et salades, puis les entremets et enfin les fruits. Un cortège de domestiques défile pour servir chaque plat. Mais tout est si bien rodé que le repas ne dure que trois quarts d'heure.

« L'État, c'est moi ! » affirme Louis XIV. Dès l'âge de 22 ans, il exerce seul son pouvoir et contrôle l'ensemble des affaires du royaume. Il impose une monarchie absolue de droit divin : il pense qu'il est le représentant de Dieu sur Terre, que c'est à lui qu'il doit sa couronne et à lui seul qu'il devra un jour rendre des comptes. Durant son long règne (54 ans), la France devient le pays le plus riche et le plus peuplé d'Europe. Mais l'ambition du roi est sans limites : pour affirmer sa puissance, il mène de longues guerres contre les pays voisins.

Molière, Racine, La Fontaine sont reçus à Versailles. Ils écrivent des chefs-d'œuvre de la littérature. Dans toutes les cours d'Europe, on aime lire et parler la langue française.
Louis XIV développe les industries et lance de grands travaux. **La marine royale** devient la plus puissante du monde.
De lourds impôts sont prélevés pour financer les guerres et les dépenses du roi. Le peuple, qui possède à peine de quoi se nourrir, est exaspéré.
Les guerres de Louis XIV sont d'abord victorieuses. Mais à la fin du règne, les défaites se multiplient. Le royaume sort épuisé de trente années de conflits.

La Révolution française

La Révolution française est comme un grand tremblement de terre dans l'histoire de la France et de l'Europe. La royauté s'écroule. Les principes de liberté et d'égalité s'imposent.

chrono

14 juillet 1789
Prise de la Bastille.

4 août 1789
Abolition des privilèges.

26 août 1789
Déclaration des droits de l'homme et du citoyen.

21 septembre 1792
Fin de la monarchie, début de la république.

21 janvier 1793
Exécution de Louis XVI.

27 juillet 1794
Arrestation et exécution de Robespierre, fin de la Terreur.

9 novembre 1799
Coup d'État de Napoléon Bonaparte.

LIBERTÉ ÉGALITÉ FRATERNITÉ

1789, il n'y a plus d'argent dans les caisses de l'État. Les paysans, les artisans et les bourgeois en ont assez de payer des impôts, alors que les nobles en sont dispensés. Ils veulent plus de liberté et de justice. La colère qui couvait depuis plusieurs années éclate. C'est la Révolution. Après la lutte de la bourgeoisie contre le roi, c'est celle du peuple, qui vote la fin de la monarchie absolue, puis proclame la république.

Louis XVI est un roi faible et hésitant. Il perd la confiance du peuple. En 1792, les révolutionnaires le condamnent à mort.

La plupart des nobles défendent la monarchie, car elle préserve leurs privilèges : ils ne payent pas d'impôts, mais prélèvent des taxes, portent l'épée, chassent, etc.

En 1781, les Américains se sont libérés de la domination anglaise. Des Français, comme le **marquis de La Fayette**, les ont soutenus. Cette révolution a influencé le peuple français.

Le drapeau tricolore est créé en juillet 1789. Il symbolise la nation française.

Sous la monarchie, un individu n'a pas les mêmes droits selon le groupe social auquel il appartient. Le pouvoir et les privilèges financiers sont entre les mains de la noblesse et du clergé.

Voltaire et tous les philosophes du 18e siècle ont fait naître des idées nouvelles. Ils ont dénoncé les inégalités de la société et réclamé plus de libertés pour les individus.

Le peuple parisien s'empare de la prison de la Bastille, marche jusqu'au château de Versailles pour manifester sa colère auprès du roi et de la reine. Dans les provinces, les paysans s'attaquent aux châteaux des seigneurs.

Durant la Terreur, le député Robespierre fait guillotiner tous ceux qui ne pensent pas comme lui, même certains de ses anciens alliés révolutionnaires !

La Déclaration des droits de l'homme et du citoyen est votée en août 1789. Tous les Français deviennent libres et égaux devant la loi…

L'armée révolutionnaire se bat contre les royautés européennes qui veulent maintenir la monarchie en France. D'excellents généraux la commandent, comme le général Napoléon Bonaparte.

En 1799, Bonaparte s'empare du pouvoir par un coup d'État. C'est la fin de la Révolution. Bonaparte veut devenir le maître de l'Europe. En 1804, il se fait sacrer empereur sous le nom de Napoléon Ier.

Les bourgeois (marchands, banquiers, avocats…) dirigent l'économie du royaume. Ils veulent aussi gouverner l'État. Parmi eux se trouvent tous les grands révolutionnaires : Danton, Marat, Desmoulins…

De nouveaux journaux diffusent les idées de la Révolution.

La révolution industrielle

Au 19e siècle, les progrès techniques entraînent le développement des transports, des industries et des villes. Ces changements transforment la vie des hommes.

Un siècle d'inventions

James Watt

N. Niépce

Graham Bell

Thomas Edison

Louis Pasteur

- **1769** James Watt invente la machine à vapeur.
- **1800** Invention de la locomotive.
- **1819** Invention du bateau à vapeur.
- **1827** Nicéphore Niépce invente la photographie.
- **1871** Invention de l'électricité.
- **1876** Graham Bell invente le téléphone.
- **1877** Invention du phonographe.
- **1879** Thomas Edison invente l'ampoule électrique.
- **1885** Louis Pasteur invente le vaccin contre la rage.
- **1886** Invention du moteur à essence.
- **1895** Les frères Lumière inventent le cinéma.
- **1897** Premier vol d'un avion à moteur.

La machine à vapeur est l'invention la plus importante de la révolution industrielle. Elle fait fonctionner les machines dans les usines, les locomotives, les bateaux à vapeur. Durant des siècles, la marche à pied ou à cheval fut l'unique façon de se déplacer. Les nouveaux moyens de transport permettent de voyager plus vite, les distances semblent raccourcir !

Les riches bourgeois (banquiers, patrons d'industrie…) possèdent les immeubles modernes des centres-villes.

Les gens des campagnes affluent en ville. À Liverpool par exemple, la population est multipliée par 5 en 50 ans !

Après les voitures à vapeur apparaissent **les voitures à essence**

Les nouvelles industries emploient un grand nombre d'ouvriers. Beaucoup sont d'anciens paysans ou artisans qui n'avaient plus de travail. Ils ont quitté la campagne où ils habitaient pour s'installer en ville, près des usines et des mines. La population des villes augmente. Plus d'un million de personnes habitent désormais à Londres et à Paris.

Les folles transformations du 19e siècle font imaginer à l'écrivain **Jules Verne** des machines encore plus extraordinaires.

Pourquoi les enfants étaient-ils obligés de travailler ?

Les salaires des ouvriers étaient si maigres qu'ils ne suffisaient pas à faire vivre une famille. Les parents n'avaient d'autre solution que de faire travailler leurs propres enfants pour éviter de mourir de faim ! Dès l'âge de 6 ou 7 ans, filles et garçons étaient employés dans les usines ou dans les mines jusqu'à 12 heures, voire 14 heures par jour.

Les premiers avions s'élancent sur une trentaine de mètres de distance !

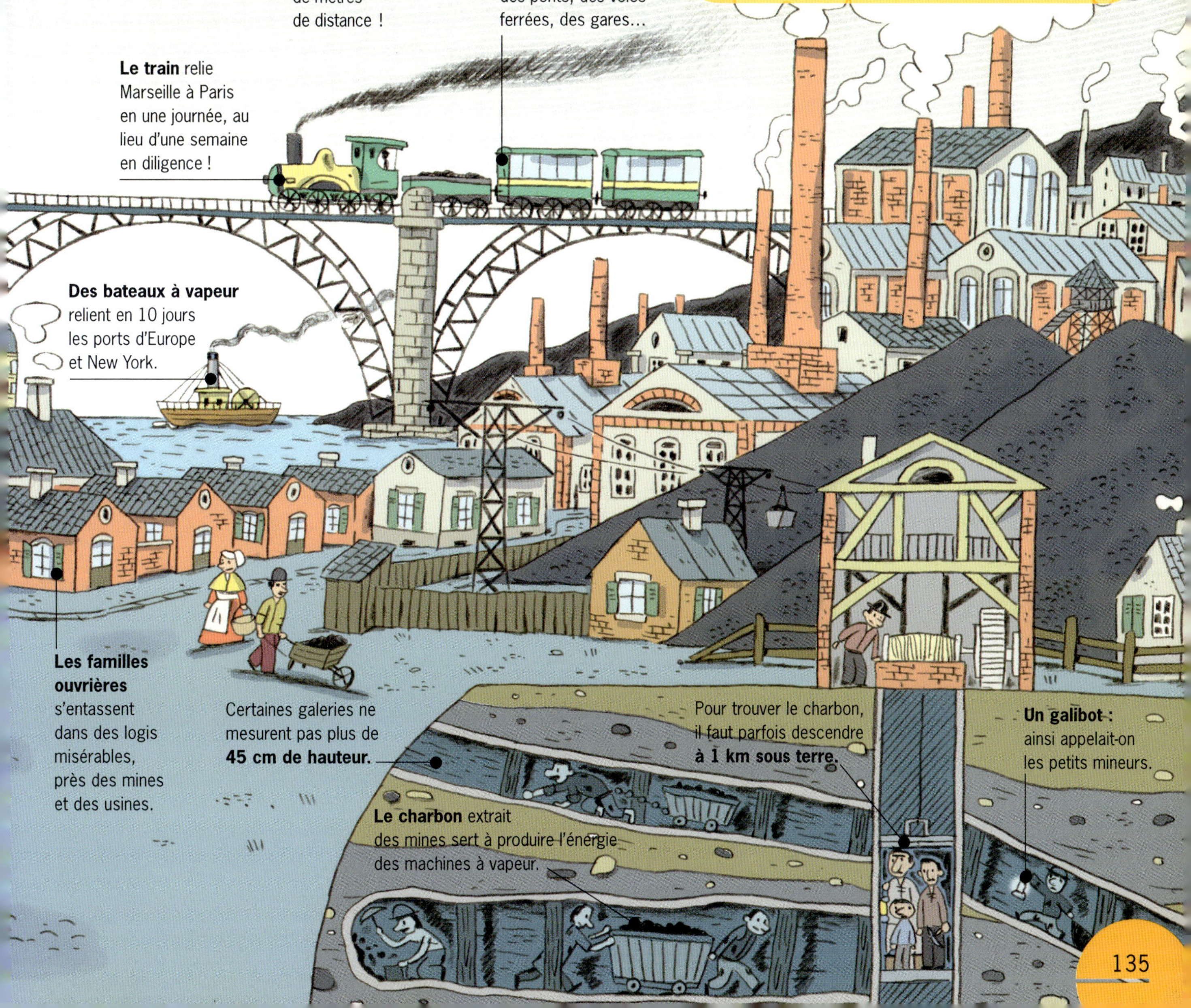

La Première Guerre mondiale

chrono

- **1er août 1914** Mobilisation générale en France et en Allemagne.
- **3 août 1914** Déclaration de guerre de l'Allemagne à la France.
- **février-décembre 1916** 500 000 hommes meurent à la bataille de Verdun.
- **2 avril 1917** Entrée en guerre des États-Unis.
- **11 novembre 1918** Fin de la guerre. Les combats ont fait 10 millions de morts et des millions de blessés.

En 1914, les rivalités entre les pays européens aboutissent à une guerre d'une ampleur jamais connue dans les siècles passés.

On se bat sur terre, sur mer et, pour la première fois, dans les airs. Des avions permettent de lâcher des bombes sur les ennemis. Des armes redoutables apparaissent : des gaz empoisonnés, des chars d'assaut, des mitrailleuses... Mais aucun camp ne parvient à dominer l'autre. Les fronts s'immobilisent et les combattants s'enterrent dans des tranchées entourées de fils barbelés. Leurs souffrances sont atroces. Chaque assaut est inutile, faisant des centaines de morts et de blessés.

Entre 1914 et 1918, la guerre a bouleversé la vie de millions de familles, comme celle d'Angèle et de Jean...

Marseille, samedi 1er août 1914. C'est la mobilisation générale et le départ pour le front. Sur le quai, Angèle et Jean se disent au revoir. Ils ont le cœur serré. Mais Jean est optimiste, il pense que la guerre sera courte et qu'il sera de retour avant Noël.

Verdun, 10 mars 1916. Deux ans déjà que Jean vit sous les obus, dans la boue et le froid. Entre deux combats, il écrit à Angèle pour apaiser son angoisse. Mais sans dire toute l'horreur qui l'entoure.

anecdote

Les totos, les gaspards, les Boches et les poilus

Pendant la guerre, les gens emploient de drôles de mots. **Les poilus** sont les soldats, dont les joues sont toutes poilues, faute d'être rasées. **Les Boches** sont les Allemands, du nom d'une ancienne tribu germanique, les Alboches. Les jeunes soldats sont appelés **les bleus** car, autrefois, ils arrivaient sur le front dans leur blouse bleue de travail. **Les totos** sont les poux et **les gaspards** les rats qui infestent les tranchées.

Les mitraillettes et les canons pétaradent – signe, pour Jean et ses compagnons, que l'assaut est imminent. Le commandant ordonne la charge. Armés de baïonnettes, les soldats sortent des fossés et s'élancent vers les positions adverses sous une pluie de balles.

5 avril 1916. Dans le village de Jean, la vie continue quand même. Avec les autres femmes, Angèle fait le travail des hommes partis au front. Aujourd'hui, des nouvelles arrivent enfin ! Jean a écrit, Jean est vivant ! Mais trois semaines déjà que sa lettre est partie. « Comment va-t-il depuis ? » s'inquiète Angèle…

11 novembre 1920. Sur la place du village, un nouveau monument rend hommage à tous ceux qui, comme Jean, ne sont pas revenus du front.

La Seconde Guerre mondiale

1939 : de nouveau, la guerre déchire le monde. C'est l'un des pires moments de l'histoire de l'humanité. Les camps de concentration, les bombardements, l'arme atomique font des millions de victimes.

1933 Hitler est élu chef de l'État allemand.

1er septembre 1939 L'armée allemande envahit la Pologne : la guerre commence.

22 juin 1940 L'État français capitule face à l'Allemagne.

18 juin 1940 De Londres, le général de Gaulle appelle les Français à résister contre l'Allemagne.

2 février 1943 L'Allemagne est battue à Stalingrad en Russie : c'est sa première défaite.

1943 En Europe, les résistants s'organisent et commettent des attentats contre les Allemands.

1944 Les Anglais, les Américains et les compagnons de de Gaulle débarquent en Normandie pour libérer la France.

8 mai 1945 L'Allemagne capitule. À Yalta, les dirigeants des pays vainqueurs décident de l'avenir du monde.

Adolphe Hitler, le chef du parti nazi et le dirigeant de l'Allemagne, veut que son pays soit le plus puissant du monde.

Il pense que les Allemands sont issus d'une race supérieure et que cela les autorise à dominer les autres peuples. De telles idées entraînent son pays dans la dictature et le monde dans la guerre. En 1939, l'armée allemande envahit plusieurs pays européens. En Europe, l'Angleterre résiste seule à Hitler.

L'armée du débarquement allié libère progressivement la France, puis toute l'Europe de l'Ouest, de l'occupation allemande.

En avril 1945, **Berlin,** capitale de l'Allemagne, est encerclée par les Russes et les Américains. Le 30 avril, Hitler se suicide dans son *bunker.*

En août 1944, les Alliés ont débarqué à Paris. Dans les rues, les soldats américains ont remplacé les soldats allemands. Les gens sont heureux de vivre de nouveau **dans un pays libre.**

En 1941, les Américains et les Russes entrent dans la guerre pour combattre l'Allemagne. Quelques mois plus tard, le Japon, allié de l'Allemagne, attaque les États-Unis dans l'océan Pacifique. La guerre devient mondiale : on se bat sur une grande partie de la planète. Les bombardements aériens détruisent des villes entières et tuent beaucoup de leurs habitants. Durant les six années de conflit, 52 millions de personnes meurent. C'est la guerre la plus meurtrière de l'histoire.

tout savoir sur...

Anne Franck

Sa naissance : le 12 juin 1929, en Allemagne. **Sa vie :** Anne est d'origine juive. Elle vit en Hollande, où ses parents se sont installés après avoir fui l'Allemagne d'Hitler. Quand les Allemands envahissent la Hollande, Anne et sa famille décident de se cacher dans un grenier. Pendant deux ans, l'adolescente écrit son journal. Elle raconte sa vie, ses peurs, ses rêves, ses joies aussi. Son récit s'achève le 1er août 1944. Trois jours plus tard, elle est arrêtée et déportée vers les camps de concentration. **Sa mort :** en mars 1945, dans le camp de Bergen-Belsen.

En 1945, le monde est en ruine. L'Europe est libérée de l'occupation allemande, mais les combats continuent entre Américains et Japonais. Et cette année-là, l'humanité est confrontée à deux grands traumatismes : la découverte des camps de la mort et l'utilisation d'une arme redoutable, la bombe atomique.

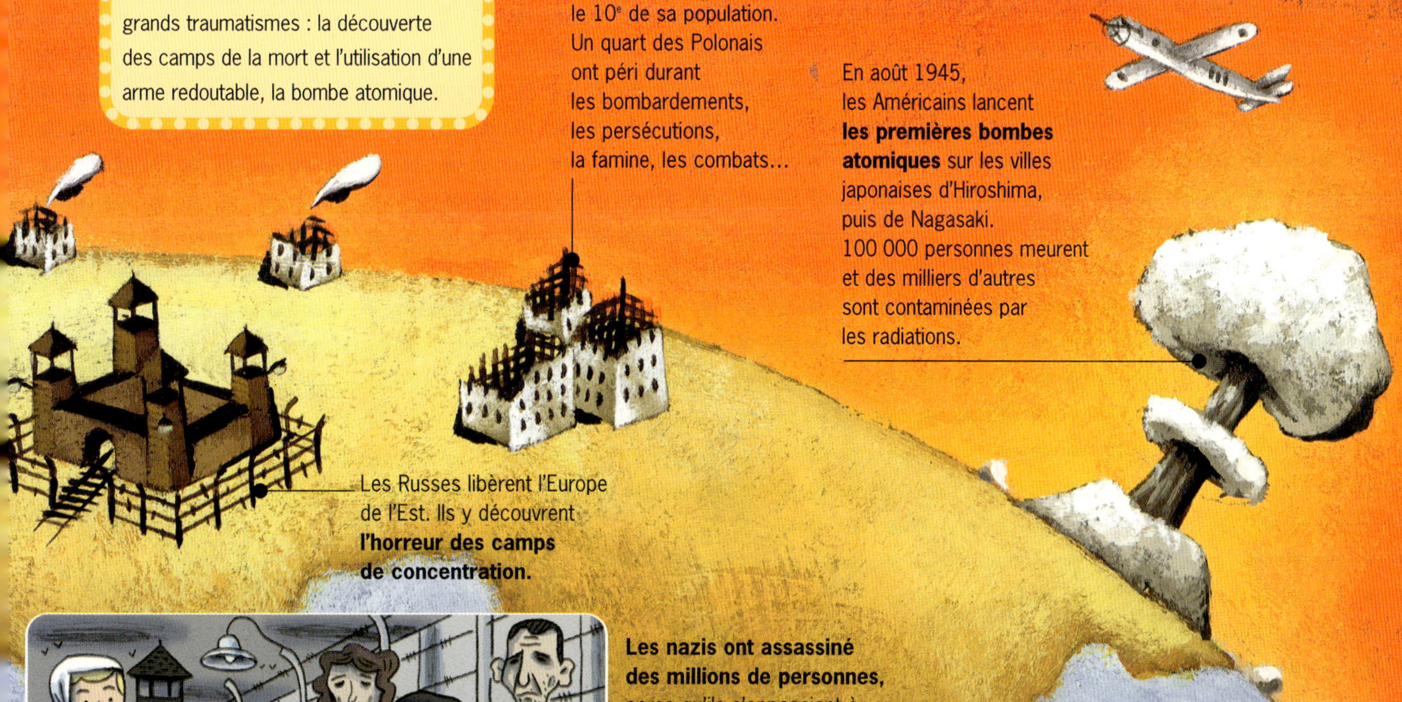

L'Europe de l'Est est dévastée. Des villes entières sont détruites et les pertes humaines sont effroyables. La Russie a perdu le 10e de sa population. Un quart des Polonais ont péri durant les bombardements, les persécutions, la famine, les combats…

En août 1945, les Américains lancent **les premières bombes atomiques** sur les villes japonaises d'Hiroshima, puis de Nagasaki. 100 000 personnes meurent et des milliers d'autres sont contaminées par les radiations.

Les Russes libèrent l'Europe de l'Est. Ils y découvrent **l'horreur des camps de concentration.**

Les nazis ont assassiné des millions de personnes, parce qu'ils s'opposaient à leurs idées ou appartenaient à une race qu'ils jugeaient inférieure. Les Juifs ont été leurs premières victimes. 6 millions d'entre eux ont été emprisonnés, torturés et asphyxiés dans des chambres à gaz.

Le monde depuis 1945

Après avoir déclenché deux guerres mondiales, l'Europe décide de s'unir dans une communauté européenne. D'incroyables avancées scientifiques sont aussi accomplies dans cette seconde moitié du 20e siècle. Mais c'est également le temps des dictatures et de nouveaux massacres.

1947

Les pays colonisés se libèrent peu à peu de la domination des pays européens. Grâce à **la résistance non violente de Gandhi** face à la Grande-Bretagne, l'Inde acquiert son indépendance.

1948

Le 14 mai, le Conseil national juif proclame **l'indépendance d'Israël.** Le lendemain, les troupes arabes pénètrent en Palestine. **La première guerre israélo-arabe** commence.

1949

L'armée révolutionnaire de **Mao Tsé-Toung** entre triomphalement dans Pékin, la capitale de la Chine. Mao proclame la République populaire chinoise : la Chine devient communiste.

1957

L'Allemagne, la France, l'Italie, la Belgique, les Pays-Bas et le Luxembourg signent le traité de Rome. **La Communauté économique européenne (CEE)** est née !

1961

La fusée soviétique Vostok I quitte la base de lancement de Baïkonour en emportant **le premier homme dans l'espace,** le cosmonaute Youri Gagarine.

1969

On a marché sur la Lune !
Son premier visiteur, l'astronaute américain Neil Armstrong, débarque dans une région appelée la mer de la Tranquillité.

1973

Durant la quatrième guerre israélo-arabe, les pays arabes de l'Organisation des pays exportateurs de pétrole décident d'augmenter très fortement le prix du pétrole.
Cela provoque **une grave crise économique.**
C'est le premier choc pétrolier.

1989

Grâce à Gorbatchev, le chef d'État de l'URSS, les choses bougent en Europe de l'Est.
La chute du mur de Berlin permet, en 1990, la réunification de l'Allemagne et provoque **la fin de la guerre froide et des régimes communistes.**

1979

Une révolution islamique éclate en Iran.
Le Shah (l'empereur d'Iran) doit s'enfuir.
Les révolutionnaires rappellent de son exil leur chef religieux, l'ayatollah Khomeyni.
Partout dans le monde musulman, des mouvements islamistes se développent.

1990

L'Irak de Sadam Hussein envahit le Koweit.
Les États-Unis, présidés par George Bush, et les États européens déclarent la guerre à l'Irak.

1994

Une guerre civile éclate entre Hutu et Tutsi, deux ethnies du Rwanda, un petit pays du centre de l'Afrique. Les Hutu tentent d'exterminer les Tutsi. Un demi-million de Tutsi sont massacrés. **C'est un génocide.**

2001

Deux avions heurtent **les tours du World Trade Center de New York.** C'est un attentat organisé par le chef terroriste Ben Laden. En 2003, prétendant répondre à cette agression, le président américain George Bush Junior déclare une nouvelle guerre à l'Irak.

IL ÉTAIT UNE FOIS…

« Vous êtes perdu si vous oubliez que les fruits sont à tous et que la Terre n'est à personne. »

Jean-Jacques Rousseau (1712-1778)

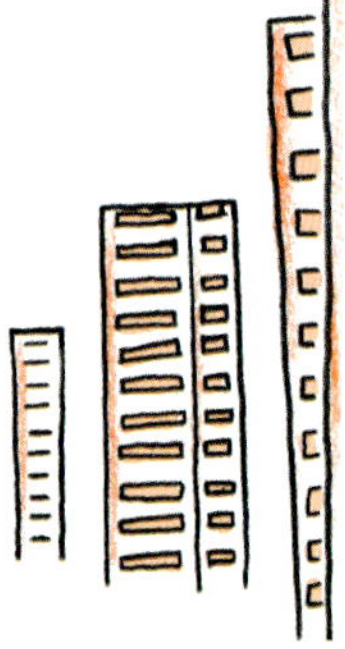

Finies la surpopulation, la misère et la solitude ! Imagine une île où se dresseraient 54 villes exactement semblables, chaque ville comprenant 6 000 familles, et chaque famille 30 membres maximum ! Les repas sont pris en commun, les biens partagés et on ne travaille que 6 heures par jour ! C'est Utopia, la société idéale imaginée en 1516 par Thomas More. Alors, est-ce que ça te plairait de vivre à Utopia ?

La Bible raconte que les Babyloniens décidèrent de construire une tour qui toucherait le ciel. « Décidément, ces hommes sont pleins d'orgueil, se dit Dieu. Bientôt il n'y aura plus de limite à ce qu'ils voudront faire. » Pour les punir, Dieu eut l'idée de brouiller leur langue. Ainsi quand ils se parlaient, les Babyloniens ne se comprenaient plus ! Dans tout Babylone, c'était la pagaille et la confusion. Alors les gens partirent aux quatre coins du monde, et c'est ainsi que les différentes langues apparurent… Refermons la Bible et faisons un saut dans le temps jusqu'en 1887. Cette année-là, un médecin polonais inventa une langue universelle afin que tous les habitants de la Terre puissent se comprendre et vivre en bonne intelligence : l'espéranto. Aujourd'hui, seulement 6 millions de personnes la parlent un peu partout sur la planète. Si l'un d'entre eux te lance « Saluton ! », réponds-lui la même chose : ça veut dire « Bonjour ! »

“ La pauvreté est la pire forme de violence. ”

Gandhi (1869-1948)

Le monde d’aujourd’hui

La Terre du 21e siècle abrite plus de 6 milliards d’hommes. Où vivent-ils ? Quel est leur quotidien ? Pourquoi ont-ils du mal à s’entendre ? Autant de questions pour comprendre le monde dans lequel tu vis, t’ouvrir aux autres et devenir un citoyen responsable.

Ulysse Mérou fait partie de la première expédition hors du système solaire. Ce jeune journaliste et ses compagnons se posent sur Soror, une planète semblable à la Terre où ils découvrent des êtres humains particulièrement primitifs, vivant nus et incapables de parler. Ulysse et les autres membres de l’expédition sont alors capturés par des gorilles et conduits en ville. Là, il y a des voitures, des avions, des appareils photo : les singes ont atteint un haut degré de civilisation. Ulysse ne tarde pas à comprendre que sur Soror, les singes ont pris l’avantage sur les hommes qui ont peu à peu régressé jusqu’à retourner à l’état animal. Ainsi commence *La Planète des singes* écrit par Pierre Boulle. Science-fiction ou prophétie ?...

“ Un jour viendra où vous France, vous Russie,
vous Angleterre, vous Allemagne,
vous toutes, nations du continent,
sans perdre vos qualités distinctes et votre glorieuse individualité, vous vous fondrez étroitement dans une unité supérieure, et vous constituerez la fraternité européenne. ”

Victor Hugo, discours du 21 août 1849 à l’occasion de l’ouverture du Congrès de la paix à Paris

Un monde bien peuplé !

Avec ses 6 milliards d'habitants, notre planète n'a jamais été aussi peuplée.

Le peuplement de la planète

n'a pas été uniforme. Pour pouvoir cultiver la terre, les hommes ont préféré s'installer dans des régions à climat tempéré, dans les plaines, au bord des mers ou des rivières. Ils ont souvent fui les déserts, les hautes altitudes ou les régions trop chaudes ou trop froides. Des populations nomades vivent cependant dans les déserts.

Une Colombienne a, en moyenne, trois enfants au cours de sa vie. Elle peut espérer vivre jusqu'à 73 ans.

Une Française a, en moyenne, un ou deux enfants au cours de sa vie. Elle peut espérer vivre jusqu'à 82 ans.

Le nombre d'habitants sur la Terre

a été multiplié par quatre au cours des cent dernières années. Et ce n'est pas fini : chaque seconde, on compte trois habitants de plus sur notre planète. C'est dans les pays pauvres d'Asie et d'Afrique que la population s'accroît le plus vite. Les femmes de ces pays ont plus d'enfants que celles des pays riches d'Europe ou d'Amérique du Nord.

Un homme sur six vit **en Inde** aujourd'hui.

zone très peuplée

zone moyennement peuplée

zone peu peuplée

21,2 millions d'habitants vivent à **New York**, la plus grande mégalopole américaine.

21,7 millions d'habitants vivent à **Mexico,** au Mexique, l'une des villes les plus polluées.

18,6 millions d'habitants vivent à **São Paulo,** la capitale économique du Brésil.

16,3 millions d'habitants vivent à **Bombay,** en Inde, qui sera peut-être la ville la plus peuplée dans vingt ans.

Shanghai compte 12,9 millions d'habitants. C'est la plus grande ville de Chine, le pays le plus peuplé du monde (1 milliard 275 millions d'habitants).

Une Tchadienne a, en moyenne, six ou sept enfants au cours de sa vie. Elle peut espérer vivre jusqu'à 65 ans.

Une Indienne a, en moyenne, trois ou quatre enfants au cours de sa vie. Elle peut espérer vivre jusqu'à 61 ans.

Une Australienne a, en moyenne, un ou deux enfants au cours de sa vie. Elle peut espérer vivre jusqu'à 81 ans.

Partout, la grande ville attire les habitants des campagnes. Aujourd'hui, plus d'un homme sur deux vit dans une ville et on compte 330 villes de plus de 1 million d'habitants à travers le monde. Il n'y en avait que seize en 1900. Quelques-unes de ces cités, comme Tokyo (Japon) ou São Paulo (Brésil), se déploient sur plusieurs dizaines de kilomètres, prolongées par d'interminables banlieues. Ces villes qui ne cessent de grandir sont appelées « mégalopoles ».

Les religions

Elles tentent d'apporter aux hommes des réponses aux grandes questions de l'existence et les accompagnent dans leur vie quotidienne.

Les religions sont nombreuses et variées. Le judaïsme, le christianisme ou l'islam sont monothéistes : les croyants y vénèrent un seul dieu. L'hindouisme, fondé sur la croyance en plusieurs dieux, est une religion polythéiste. Les animistes croient que la nature est peuplée d'esprits. Et les bouddhistes suivent les règles du sage Bouddha. Des rites religieux rythment la vie des hommes depuis la naissance jusqu'à la mort. Des fêtes commémorent les événements de l'histoire religieuse, comme Noël qui rappelle la naissance du Christ.

Le baptême est le sacrement qui fait entrer le nouveau-né dans la communauté **des chrétiens.** Dans l'église, en présense des parrains, le prêtre verse de l'eau sur la tête du bébé en disant : « Je te baptise au nom du Père, du Fils et du Saint-Esprit. »

Dans **la religion juive,** la cérémonie du mariage a lieu dans une synagogue. Sous le dais, la houpa, le fiancé offre l'anneau d'alliance à sa future femme. Le rabbin peut alors lire la ketouba, le contrat de mariage.

Les langues

On compte aujourd'hui près de 5 000 langues dans le monde. Comme elles sont vivantes, elles ne sont ni figées... ni immortelles.

« Bonjour » en espagnol. **L'espagnol** est parlé par 392 millions d'hommes dans 20 pays dont l'Espagne et la plupart des pays d'Amérique du Sud.

Autrefois, les hommes vivaient sur des terres plus petites et plus autonomes qui avaient toutes leur propre langue. Les moyens de communication et de transport se sont développés, permettant aux langues de se rencontrer et de s'influencer. Certaines en ont dominé d'autres. Aujourd'hui encore, des langues meurent, tandis que d'autres, comme l'anglais, étendent leur influence.

« Au revoir » en hindi. **L'hindi** est parlé par 480 millions d'hommes, surtout en Inde.

Dans **les religions animistes** d'Afrique, les jeunes garçons passent plusieurs semaines loin de leur village. Là, sous la direction d'un prêtre masqué, ils sont soumis à des épreuves qui les préparent à l'âge adulte. C'est un rite d'initiation.

Chaque année, l 'Aïd al-Fitr célèbre la fin du ramadan, un mois de jeûne pendant lequel **les musulmans** ne doivent pas manger entre le lever et le coucher du soleil. Après une prière à la mosquée, un grand repas est organisé et l'on s'offre des cadeaux.

Le soir de la pleine lune de mai, **les bouddhistes** célèbrent la fête de Vesak, qui commémore la naissance et la mort du Bouddha. Ils déambulent dans le temple en tenant à la main une bougie, de l'encens et une fleur de lotus.

En Inde, chez **les hindouistes,** la cérémonie funéraire se déroule près du Gange, un fleuve sacré. Le mort, recouvert d'un voile, est porté jusqu'à la rive du fleuve. Son corps est brûlé sur un bûcher et ses cendres jetées dans l'eau.

« Votre attention, s'il vous plaît ! » en anglais. **L'anglais** est parlé par 500 millions d'hommes dans 45 pays. Il est aussi utilisé par les commerçants, savants, voyageurs qui ne parlent pas la même langue.

« S'il vous plaît » en chinois. **Le chinois, ou mandarin**, est parlé par 1,290 milliard d'hommes dans 3 pays dont la Chine.

« Excusez-moi » en russe. **Le russe** est parlé par 280 millions d'hommes, surtout en Russie.

L'Europe

Ce n'est pas un vrai continent, mais la partie ouest de l'immense continent eurasiatique. À l'est, elle est séparée de l'Asie par la chaîne des montagnes de l'Oural.

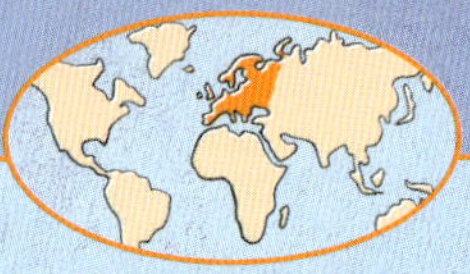

Superficie : 10,4 millions de km^2

Population : 763 millions d'habitants

Pays le plus grand : fédération de Russie (partie européenne)

Montagne la plus haute : mont Elbrouz, 5 633 m

Fleuve le plus long : Volga, 3 690 km

Les réserves de pétrole sont rares en Europe, sauf en mer du Nord où l'on a construit **des plates-formes pour extraire « l'or noir ».**

Quatre Européens sur cinq habitent en ville. Mais la vie traditionnelle existe toujours, comme le montre **cette scène de pêche portugaise.**

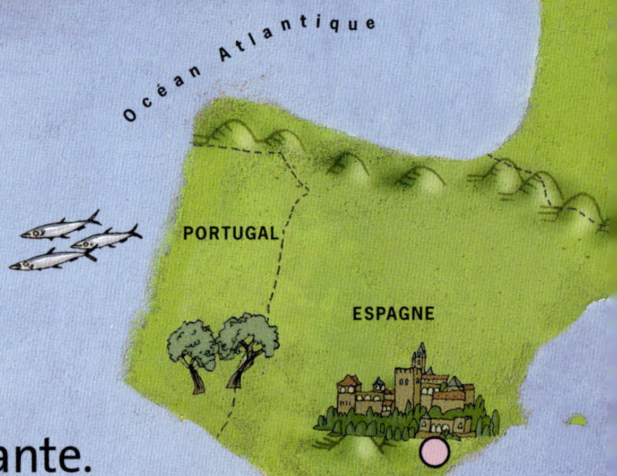

Le carnaval de Notting Hill, à Londres (Grande-Bretagne), a été créé par les immigrés des Caraïbes. Noirs et Blancs défilent ensemble : l'image d'un continent métissé.

L'Europe est attrayante.

Un climat presque partout tempéré, de nombreux cours d'eau, des terres fertiles et des richesses naturelles ont su séduire et retenir sa population. C'est pourquoi on trouve peu de terres inhabitées, sauf dans l'extrême nord, car il y fait très froid. Partout ailleurs, les habitants sont très concentrés sur le territoire. Ils sont, pour la plupart, chrétiens et parlent des langues latines, slaves ou germaniques.

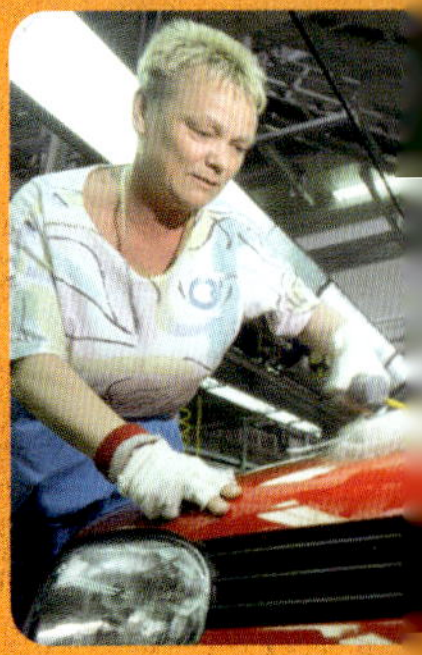

Les premières usines sont nées en Europe du Nord-Ouest au 19e siècle. Aujourd'hui, **l'industrie automobile allemande** occupe une bonne place sur le marché mondial.

L'Ukraine a été surnommée le « grenier à blé » de l'Europe. Sa production s'est ralentie, mais **le blé** reste le symbole de l'alimentation européenne.

Aujourd'hui, les Européens sont surtout citadins et peu d'entre eux travaillent encore la terre. Les grandes et riches villes d'Europe de l'Ouest comme Londres, Paris ou Berlin attirent des travailleurs immigrés venus du sud, de l'est ou d'autres continents. Si les frontières ne sont pas infranchissables, elles ne sont pas non plus définitives : onze nouveaux pays se sont créés en Europe de l'Est depuis 1990.

Paris, Londres, la Côte d'Azur ou, comme ici, **Venise :** l'Europe rassemble quelques-unes des plus grandes destinations touristiques.

L'Union européenne

Sur le drapeau de l'UE choisi en 1986, 12 étoiles sont disposées en cercle pour symboliser l'union des États membres.

L'Union européenne (ou UE), qui rassemble 25 pays et 456 millions d'habitants, est une puissance économique qui rivalise avec celle des États-Unis.

Les 25 États membres et leur date d'entrée dans l'UE

FRANCE 1957
61,7 millions d'habitants
Capitale : Paris
Langue principale : français
Superficie : 551 500 km²
MONNAIE

ALLEMAGNE 1957
82,4 millions d'habitants
Capitale : Berlin
Langue principale : allemand
Superficie : 357 030 km²
MONNAIE

ITALIE 1957
57,4 millions d'habitants
Capitale : Rome
Langue principale : italien
Superficie : 301 340 km²
MONNAIE

LUXEMBOURG 1957
437 milliers d'habitants
Capitale : Luxembourg
Langues principales : français, luxembourgeois
Superficie : 2 586 km²
MONNAIE

BELGIQUE 1957
10,2 millions d'habitants
Capitale : Bruxelles
Langues principales : flamand, français
Superficie : 30 500 km²
MONNAIE

IRLANDE 1973
3,9 millions d'habitants
Capitale : Dublin
Langue principale : anglais
Superficie : 70 270 km²
MONNAIE

GRANDE-BRETAGNE 1973
59,5 millions d'habitants
Capitale : Londres
Langue principale : anglais
Superficie : 242 910 km²
MONNAIE : Livre sterling

PORTUGAL 1986
10 millions d'habitants
Capitale : Lisbonne
Langue principale : portugais
Superficie : 91 980 km²
MONNAIE

PAYS-BAS 1957
15,8 millions d'habitants
Capitale : Amsterdam
Langue principale : néerlandais
Superficie : 41 530 km²
MONNAIE

DANEMARK 1973
5,3 millions d'habitants
Capitale : Copenhague
Langue principale : danois
Superficie : 43 090 km²
MONNAIE : Couronne danoise

GRÈCE 1981
10,9 millions d'habitants
Capitale : Athènes
Langue principale : grec moderne
Superficie : 131 960 km²
MONNAIE

ESPAGNE 1986
41 millions d'habitants
Capitale : Madrid
Langue principale : espagnol
Superficie : 505 990 km²
MONNAIE

Six pays européens créaient, en 1957, douze ans après la fin de la Seconde Guerre mondiale, la Communauté économique européenne (CEE). Leur objectif était de maintenir la paix en favorisant le commerce entre ces pays. Aujourd'hui, les marchandises circulent librement sur le territoire des États membres, sans être soumises à des taxes douanières aux frontières. Les citoyens de l'Union européenne (le nouveau nom de la CEE depuis 1992) circulent tout aussi librement et peuvent même s'installer et vivre dans le pays de leur choix.

Aujourd'hui, et ce depuis le 1er janvier 2002, **on paye en euro dans tous les pays de la zone euro :** Allemagne, Autriche, Belgique, Espagne, Finlande, France, Grèce, Irlande, Italie, Luxembourg, Pays-Bas, Portugal.

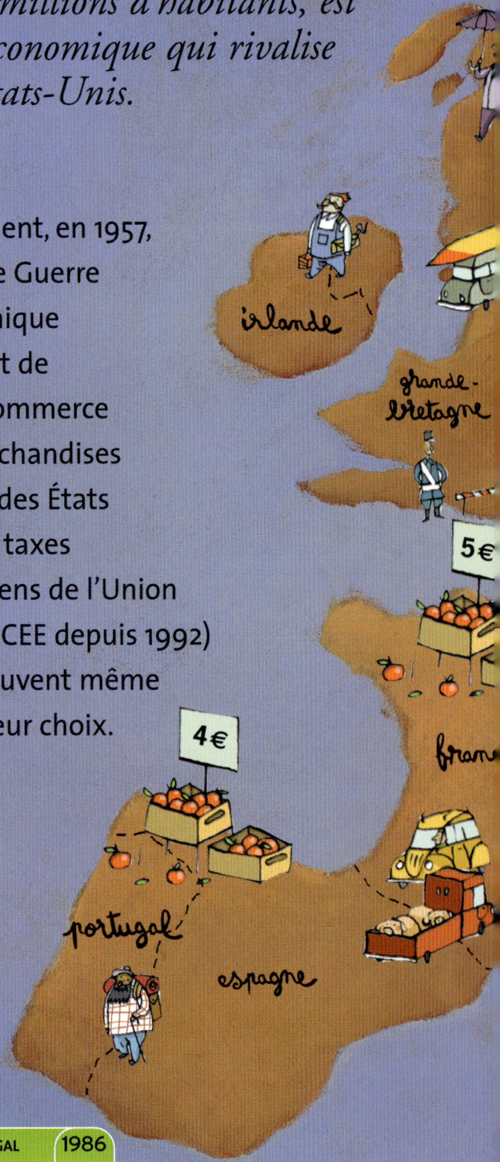

À l'exception de la Grande-Bretagne et de l'Irlande, tous les pays entrés dans l'Union européenne avant 2004 font partie de **l'espace Schengen. À l'intérieur de ce domaine, il n'y a plus de contrôles aux frontières :** les citoyens circulent librement d'un pays à l'autre. De plus, les pays de l'espace Schengen coopèrent pour obtenir une meilleure sécurité sur l'ensemble de ce territoire.

L'Union européenne

a une place de plus en plus importante dans la vie politique et économique des États membres. Après le « marché commun » sont venus un parlement commun, une cour de Justice commune, puis une monnaie commune, l'euro. Les pays de l'Union sont de plus en plus interdépendants. Ainsi, il devient aujourd'hui réellement difficile pour l'un des pays de l'Union de prendre des décisions contre l'avis des autres.

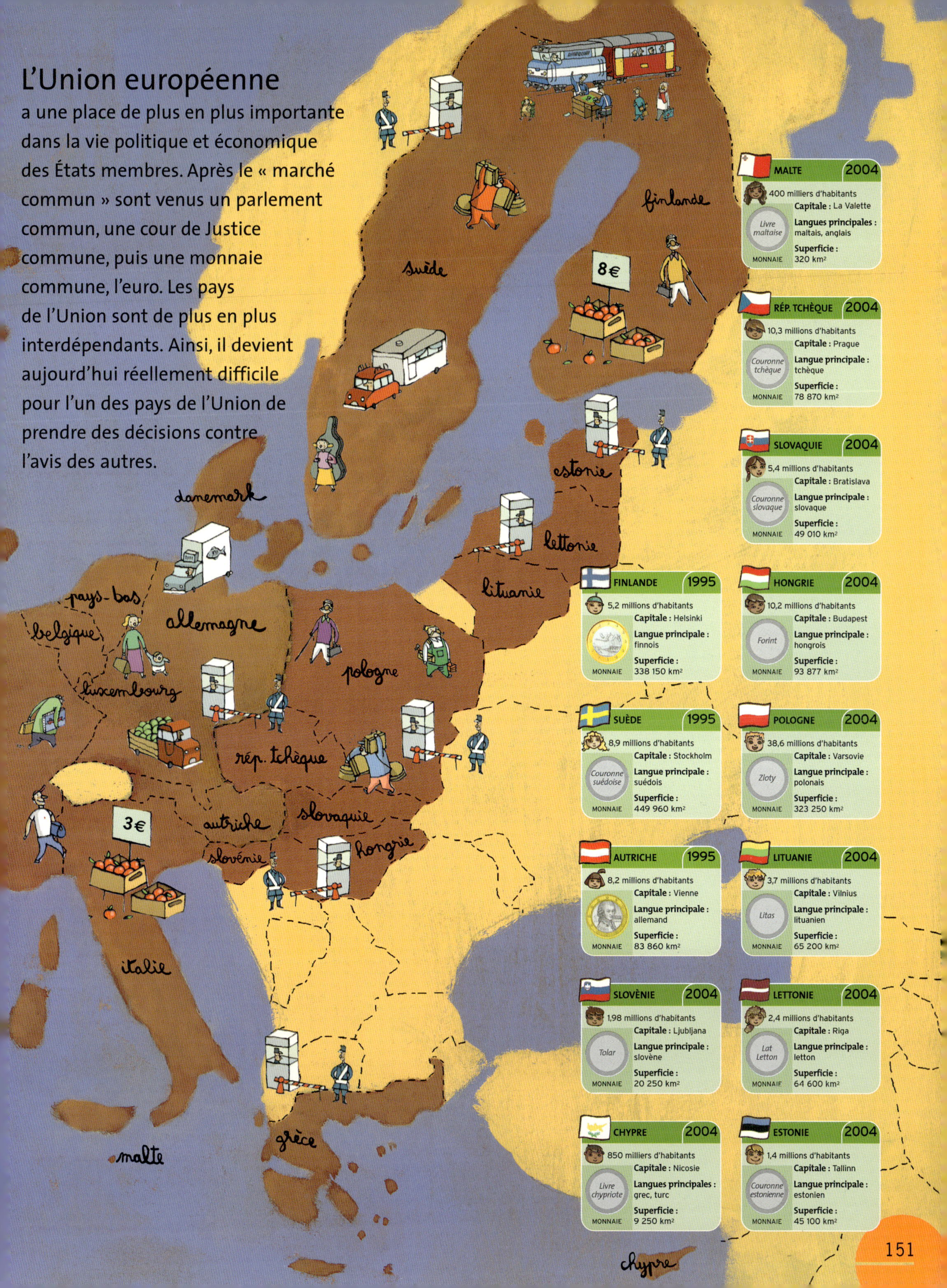

MALTE 2004
400 milliers d'habitants
Capitale : La Valette
Langues principales : maltais, anglais
Superficie : 320 km²
MONNAIE : Livre maltaise

RÉP. TCHÈQUE 2004
10,3 millions d'habitants
Capitale : Prague
Langue principale : tchèque
Superficie : 78 870 km²
MONNAIE : Couronne tchèque

SLOVAQUIE 2004
5,4 millions d'habitants
Capitale : Bratislava
Langue principale : slovaque
Superficie : 49 010 km²
MONNAIE : Couronne slovaque

FINLANDE 1995
5,2 millions d'habitants
Capitale : Helsinki
Langue principale : finnois
Superficie : 338 150 km²
MONNAIE

HONGRIE 2004
10,2 millions d'habitants
Capitale : Budapest
Langue principale : hongrois
Superficie : 93 877 km²
MONNAIE : Forint

SUÈDE 1995
8,9 millions d'habitants
Capitale : Stockholm
Langue principale : suédois
Superficie : 449 960 km²
MONNAIE : Couronne suédoise

POLOGNE 2004
38,6 millions d'habitants
Capitale : Varsovie
Langue principale : polonais
Superficie : 323 250 km²
MONNAIE : Zloty

AUTRICHE 1995
8,2 millions d'habitants
Capitale : Vienne
Langue principale : allemand
Superficie : 83 860 km²
MONNAIE

LITUANIE 2004
3,7 millions d'habitants
Capitale : Vilnius
Langue principale : lituanien
Superficie : 65 200 km²
MONNAIE : Litas

SLOVÉNIE 2004
1,98 millions d'habitants
Capitale : Ljubljana
Langue principale : slovène
Superficie : 20 250 km²
MONNAIE : Tolar

LETTONIE 2004
2,4 millions d'habitants
Capitale : Riga
Langue principale : letton
Superficie : 64 600 km²
MONNAIE : Lat Letton

CHYPRE 2004
850 milliers d'habitants
Capitale : Nicosie
Langues principales : grec, turc
Superficie : 9 250 km²
MONNAIE : Livre chypriote

ESTONIE 2004
1,4 millions d'habitants
Capitale : Tallinn
Langue principale : estonien
Superficie : 45 100 km²
MONNAIE : Couronne estonienne

La France

61,7 millions d'habitants peuplent les 551 500 km² qui constituent le territoire français.

De la baie de Somme aux sommets des Alpes, la France offre une diversité extraordinaire de paysages pour un territoire de cette taille. Grâce à son climat tempéré, les terres ont pu être exploitées au mieux afin de faire naître une agriculture qui est restée longtemps la principale source de richesses française et qui est encore la première d'Europe. Mais aujourd'hui, c'est aussi grâce à son industrie (automobile, aéronautique, armement) et à ses services (commerce, informatique, transports...) que la France parvient à rester parmi les pays les plus riches du monde.

La France d'outre-mer couvre **559 400 km²**. 1,8 millions de Français vivent dans des départements et territoires répartis à travers le monde.

70 millions de touristes par an

La France est la première destination touristique du monde.

Le sites les plus visités :

- Disneyland Paris : 12 millions
- Notre-Dame de Paris : 12 millions
- Puces de Saint-Ouen : 11 millions
- Parc du château de Versailles : 7 millions
- Centre G. Pompidou : 6,2 millions
- Tour Eiffel : 6,1 millions
- Musée du Louvre : 6,1 millions
- Mont Saint-Michel : 3,4 millions

Les plus grandes agglomérations françaises en nombre d'habitants :

1. **Paris,** 11,2 millions d'habitants
2. **Lyon,** 1,6 million d'habitants
3. **Marseille,** 1,5 million d'habitants
4. **Lille,** 1,1 million d'habitants

La population française est inégalement répartie sur le territoire. Certains départements sont très peuplés comme Paris, le Nord ou le Rhône. D'autres sont presque déserts : la Lozère, les Hautes-Alpes, la Creuse. On compte de plus en plus de personnes âgées. Aujourd'hui, plus d'un Français sur cinq a plus de soixante ans. Près de cinq millions d'étrangers venus surtout d'Europe du Sud (Portugal, Espagne, Italie) et des anciennes colonies françaises (Algérie, Maroc, Tunisie, Afrique noire) vivent en France. Un Français sur six a un parent ou un grand-parent d'origine étrangère.

975 km du nord au sud

4 h 30, c'est le temps que met le TGV pour relier Lille à Marseille.

Paris, la capitale de la France, est très peuplée. Chaque jour, ses habitants...

... consomment **647 000 000 litres d'eau...**

... et jettent **2 785 tonnes de déchets.**

Avec 37 millions de tonnes de récolte par an, la France est **le premier producteur de blé européen.**

945 km d'est en ouest

À Strasbourg, le soleil se couche 50 minutes plus tôt qu'à Brest.

20 centrales nucléaires fournissent à la France les trois quarts de son énergie.

Record de froid : **- 41 °C** enregistrés à Mouthe dans le Doubs, le 17 janvier 1985.

4 809 m : le mont Blanc est le plus haut sommet français.

La France compte **36 679 communes**. Seul 1 Français sur 5 vit dans une commune de moins de 2 000 habitants.

Au moins **400 fromages** différents

Plus de 8 milliards de bouteilles de vin produites par an.

La France administrative est divisée en **26 régions, 96 départements et 4 DOM.**

990 000 km de routes dont **12 000 km d'autoroutes.**

200 millions de marchandises sont débarquées chaque année dans les ports français.

Record de chaleur : **44 °C** enregistrés à Toulouse le 8 août 1923.

le Petit doKéo

Ella Raison, rédactrice en chef ★ Édith Moitout, intervieweuse ★ Isidore Jamais, reporter-photographe ★ Anna-Lyse Poussé, analyste ★ Jean Rigole, dessinateur ★ Jean-Félix Pottins, rédacteur de brèves

Édito

Ce dimanche, 40 millions d'électeurs sont appelés aux urnes pour élire leur maire. Tout citoyen français, non privé de ses droits civiques, âgé de dix-huit ans et plus, peut voter... quel que soit son sexe : en France, le droit de vote est accordé aux hommes depuis 1848 et aux femmes depuis 1944.

Ella Raison

Jean Rigole

Élisons nos maires !

La journée de vote de Sébastien

Sébastien a trente ans, il est citoyen français. Ce dimanche, il doit voter pour le second tour des élections municipales.

Comme il n'est pas sûr de son choix, il regarde les affiches électorales des deux candidats avant d'entrer dans le bureau de vote installé dans une école primaire.

Le scoop

« Qui n'a pas voté pour moi ? »

Réélu !

Le maire de Lemesnil-Mitry, près de Nancy, est réélu tous les six ans, au premier tour des élections municipales, depuis 1977. Il faut dire qu'il n'y a que trois habitants dans sa commune : lui, sa femme et son fils !

Jean-Félix Pottins

Lexique

Vote blanc
Quand il n'y a pas de bulletin dans une enveloppe, le vote est déclaré « blanc ».

Vote nul
Quand il y a plusieurs bulletins dans une enveloppe, qu'un bulletin est raturé ou signé, le vote est déclaré « nul ».

Écharpe tricolore

Elle permet de distinguer le maire lors des cérémonies officielles.

Marianne

Depuis 1877, le buste de Marianne, coiffé du bonnet phrygien, symbolise la République dans les mairies françaises.

À l'entrée du bureau de vote, Sébastien ne prend que le bulletin de la liste du candidat qu'il veut élire. Mais l'assesseur l'oblige à prendre l'autre bulletin, car Sébastien ne doit pas afficher son choix.

Seul dans l'isoloir, Sébastien réfléchit encore un petit peu, puis il met dans l'enveloppe le bulletin de son candidat.

Il présente sa carte d'identité et sa carte d'électeur. L'assesseur vérifie qu'il est inscrit sur les listes électorales. Sébastien met le bulletin dans l'urne. « A voté », crie l'assesseur. Sébastien signe la liste d'émargement.

Le soir, une fois le vote clos, Sébastien revient au bureau de vote participer au dépouillement. Le candidat adverse a été élu avec 50,4 % des voix. Il a obtenu la majorité absolue, soit plus de la moitié des voix. Sébastien est déçu...

Isidore Jamais

En bref...

Abstention Le vote n'est pas obligatoire en France et, les électeurs s'abstiennent de plus en plus. En Belgique, où le vote est obligatoire, l'abstention peut coûter 25 à 50 euros, puis une radiation des listes en cas de récidive.

Le bon âge La majorité, c'est l'âge à partir duquel un citoyen français peut voter. Elle est fixée à 18 ans depuis 1974, contre 21 ans avant. Mais il faut avoir 21 ans pour devenir maire, 23 ans pour devenir député ou président de la République.

Immigrés Les étrangers n'ont pas le droit de vote en France. Seuls les citoyens de l'Union européenne peuvent, s'ils habitent en France, participer aux élections municipales.

Jean-Félix Pottins

L'interview d'Édith

Paul Bertrand, maire d'une petite commune de l'Oise depuis 1983.

Pourquoi êtes-vous toujours réélu ?
Je vais beaucoup sur le terrain pour connaître les besoins de mes administrés. Aujourd'hui aussi, les candidats sont rares.

Comment l'expliquez-vous ?
Peut-être que nos concitoyens ont moins envie de s'engager dans la vie politique. Cela prend beaucoup de temps et, dans les villages, nous sommes peu payés. Dès qu'il y a un problème, on peut aussi être poursuivi en justice...

Comment est-on élu maire ?
Les électeurs élisent une liste de conseillers municipaux. Puis ces derniers élisent le maire et ses adjoints, en général les premiers de la liste.

Quelles sont vos fonctions ?
Je suis officier de police judiciaire : je dois faire respecter l'ordre. Je suis aussi officier d'État civil : je célèbre les mariages et les baptêmes civils. Et surtout je prépare les budgets et les projets communaux.

L'Afrique

L'Afrique est le continent dont la population s'accroît le plus rapidement. Les jeunes y sont très nombreux. Et il est difficile de nourrir et de soigner tout le monde.

Superficie : 30 millions de km²

Population : 822 millions d'habitants

Pays le plus grand : Soudan

Montagne la plus haute : Kilimandjaro, 5 895 m

Fleuve le plus long : Nil, 6 671 km, le plus long fleuve du monde

Sur ce continent chaud,

le désert progresse et les ressources en eau sont peu abondantes. Il est donc plus difficile d'y vivre et d'y cultiver la terre que dans les zones tempérées comme l'Europe. Mais l'Afrique n'est pas un continent uniformément aride. On trouve, autour de l'Équateur, quelques régions fertiles et verdoyantes, des prairies et des forêts arrosées par des pluies fréquentes et fortes.

- Mosquée de Casablanca
- Peinture rupestre du Tassili
- Village dogon de Bandiagara
- Basilique de Yamoussoukro
- Pyramides et sphinx de Gizeh
- Canal de Suez
- Chutes Victoria

Avec une superficie de 8 millions de km², **le Sahara** est le plus grand désert du monde. Et il continue de gagner du terrain.

Dans **la ville d'Abidjan (Côte-d'Ivoire),** sur fond de gratte-ciel, beaucoup d'habitants continuent de porter le costume traditionnel.

La mosquée de Djenné (Mali) date du 13e siècle. L'islam, présent en Afrique depuis 1300 ans, se développe aujourd'hui fortement sur ce continent.

Les souks, ou marchés, de Marrakech (Maroc) attirent des millions de touristes par an. Pour ce pays du Maghreb, le tourisme rapporte beaucoup d'argent.

La tribu, le dialecte, le village

sont les bases de la vie africaine traditionnelle. Elles sont aujourd'hui bouleversées par l'exode des villageois vers les villes. Massés dans les bidonvilles, ils y trouvent rarement une vie meilleure. Parfois l'exil est plus tragique encore : les conflits ethniques ou religieux jettent ainsi sur les routes de longues files de réfugiés.

Au Kenya, le climat pluvieux favorise **la culture du thé** dans d'immenses plantations. Ce produit est destiné à être vendu à des pays étrangers.

Ces deux femmes maliennes pilent le mil : une scène de village qui symbolise la vie traditionnelle africaine.

Salif vit au Mali

Salif Koulibaly a huit ans. Il habite Semafala, un village proche de la grande ville de Ségou, à 240 km de la capitale, Bamako.

La famille de Salif vit dans des cases en banco (mélange d'argile, de cailloux et de paille). Elle est formée de onze personnes : Salif, son père, sa mère, ses cinq frères et sœurs, mais aussi la seconde femme de son père et ses deux enfants.

La majorité des Maliens sont musulmans. Leur religion leur permet d'avoir plusieurs épouses. On dit qu'ils sont polygames.

Salif se lève très tôt, à 5 h 30, car il lui faut plus d'une heure pour rejoindre son école. Il déjeune d'une mangue avec ses frères et sœurs. Son papa, qui est infirmier, est déjà parti avec sa co-épouse faire la tournée des villages en mobylette.

Moins d'un villageois malien sur quatre est vacciné. La fièvre jaune cause encore beaucoup de morts.

À l'école, les élèves portent un uniforme. Aujourd'hui, Salif n'a cours que le matin. L'après-midi, l'instituteur s'occupera d'une autre classe.

Un Malien sur deux a moins de quinze ans : cela représente beaucoup d'élèves ! Mais il n'y a pas assez d'écoles et de professeurs pour les accueillir tous en même temps.

concession de Salif | concession du chef de Semafala | centre de santé | mosquée | puits

Après le déjeuner (du riz assaisonné d'une sauce à base de pâte d'arachide), Salif joue avec son « flan bolo », le clan des camarades de son âge.

Faute d'avoir des jouets neufs, les jeunes Maliens en fabriquent avec du matériel de récupération : canettes, cartons, bouchons en plastique...

Une moto fabriquée avec des boîtes de conserve et des chaînes de vélo.

Salif revient dans sa concession et retrouve ses sœurs. Elles ne vont pas à l'école, car elles doivent faire le ménage et aller chercher l'eau.

L'eau potable est très précieuse. À la saison sèche, il faut parfois faire des kilomètres pour en trouver, car les puits se vident.

Avec son père, Salif traverse le Niger en pirogue pour rejoindre le village où habite son oncle. Au menu du dîner, un saame, un plat à base de riz et de poisson.

La plupart des plats sont à base de céréales (mil, blé, sorgho ou riz) et accompagnés de sauces variées : au beurre de karité, aux feuilles de baobab...

Après le dîner, on se réunit sur la place pour écouter un griot chanter l'histoire de Da Monzon, un ancien chef guerrier.

Conteurs, chanteurs et musiciens, les griots se transmettent les histoires de génération en génération. Ils sont la mémoire de l'Afrique.

La kora, l'instrument du griot, est une harpe-luth à 21 cordes.

le Niger

village de l'oncle de Salif

L'Asie

Des déserts glacés de Sibérie à la jungle tropicale d'Asie du Sud-Est, de la plus grande richesse à la plus sombre misère, de l'islam au bouddhisme : l'Asie est le continent de l'infinie diversité.

Superficie : 44 millions de km^2

Population : 3,8 milliards d'habitants

Pays le plus grand : fédération de Russie (partie asiatique)

Montagne la plus haute : mont Everest, 8 846 m, la plus haute montagne du monde

Fleuve le plus long : Yangzi Jiang, 5 980 km

Le bouddhisme est né en Inde au 6e siècle av. J.-C. **Les moines bouddhistes** portent une robe safran.

En Arabie Saoudite, l'argent du pétrole permet d'intensifier l'agriculture, malgré les conditions climatiques. Ici, le plus grand élevage de vaches au monde.

L'Asie est le plus vaste

et le plus peuplé des continents. Grand comme soixante-dix fois la France, elle rassemble trois habitants du monde sur cinq, notamment en Chine et en Inde, les seuls pays du monde à compter plus d'un milliard d'habitants. Mais on trouve aussi en Asie des régions presque désertes comme la Sibérie, les steppes d'Asie centrale, le plateau d'Arabie ou la chaîne de l'Himalaya.

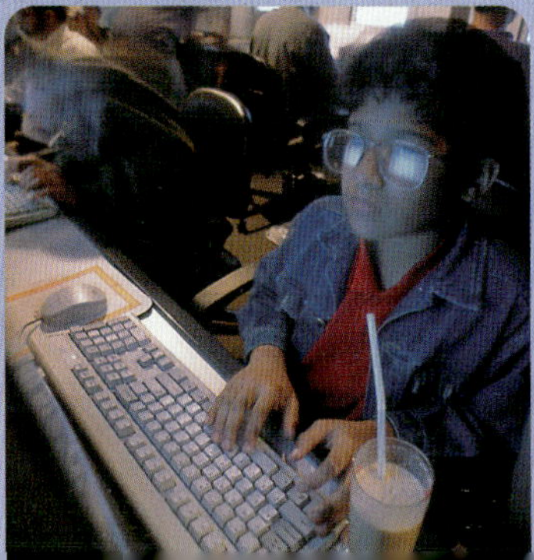

En Inde, les informaticiens sont d'un très haut niveau : ils sont recrutés par les entreprises occidentales, surtout américaines.

La plupart des habitants se regroupent dans les vallées des fleuves ou sur les côtes. C'est là que se situent quelques-unes des plus grandes mégalopoles du monde comme Bombay (Inde) ou Tokyo (Japon). Il existe entre ces villes de grandes inégalités. Car l'Asie abrite des pays très pauvres, tels que le Népal ou le Bangladesh, comme des pays devenus très riches grâce à l'industrie (Japon) ou au pétrole (Arabie Saoudite).

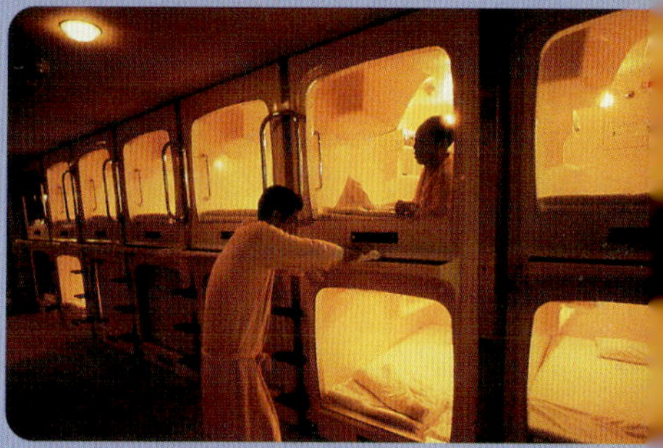

Dans les villes japonaises, l'espace est rare et précieux. **Les hôtels-capsules** offrent des « chambres » de 2 m de long sur 1 m de large !

En Chine, l'industrialisation se fait très vite, mais rarement dans le respect de l'environnement.

L'Asie est la civilisation du riz. En Indonésie, il pousse dans **des rizières en étages** inondées par les pluies de la mousson.

Parichat vit en Thaïlande

Parichat Prathet a sept ans. Avec ses parents et son petit frère, elle habite Bangkok, la capitale thaïlandaise. Ils vivent dans une maison sur pilotis, au bord du fleuve Chao Phraya.

Parichat se lève tôt. Il lui faut beaucoup de temps pour aller à l'école : un quart d'heure de bateau-bus et une heure de bus dans une circulation dense.

Avec ses dix millions d'habitants et ses véhicules souvent usagés, Bangkok est une ville polluée et embouteillée.

Enfin l'école ! Avant d'entrer en classe, Parichat et ses camarades écoutent l'hymne national et saluent le drapeau pour exprimer leur attachement à la famille royale.

Le roi Bhumibol Adulyadej règne sur la Thaïlande depuis 1950. Son portrait figure dans tous les magasins.

Les cours du matin commencent. Au programme : langue et écriture thaïes, anglais et mathématiques.

En Thaïlande, les parents ont parfois du mal à payer les uniformes et les manuels scolaires. Pourtant, plus de neuf enfants sur dix vont à l'école.

C'est l'heure du déjeuner. Il n'y a pas de cantine, alors Parichat va chez le marchand ambulant acheter un petit sac de riz gluant, quelques brochettes de poulet et un sachet d'ananas coupé en tranches.

La nourriture n'est pas très chère en Thaïlande. Le déjeuner de Parichat lui a coûté quarante bahts, soit l'équivalent d'un euro !

Le Krathong est un bateau en forme de lotus dans lequel sont placés des bougies, de l'encens et une pièce de monnaie.

Parichat adore l'école l'après-midi. Après le cours de danse thaïe, elle fabrique avec les autres élèves les petits bateaux de lumière qui vogueront sur le fleuve Chao Phraya pour la fête de Loy Krathong.

Fête de l'eau et de la lumière, Loy Krathong clôt la saison des pluies et se déroule au mois de novembre, lors de la pleine lune.

De retour chez elle, Parichat aide sa maman à décorer la « maison des esprits ».

Devant la plupart des foyers thaïs trône une petite maison des esprits qui ressemble à un temple. Elle abrite l'esprit, ou « phi », de la maison. Elle est souvent redécorée et fleurie, afin de l'honorer.

Le soir, Parichat et ses parents vont dîner dans un restaurant tenu par des amis. Au menu : porc au curry, poulet aux noix de cajou, crevettes marinées dans le lait de coco et riz frit. Chacun se sert dans les plats posés sur la table.

La cuisine thaïe est l'une des plus renommées au monde. Seul problème pour les étrangers : c'est une cuisine très épicée. Le « piment crotte de souris » (phrik khù nuu) est redoutable !

Les cuisiniers thaïs sont **les rois de la décoration culinaire.**

Amériques du Nord et du Sud

Le continent américain s'étire sur 18 000 km, entre le pôle Nord et le pôle Sud. Il connaît ainsi une grande variété de climats et de milieux.

Superficie : 40 millions de km^2

Population : 3,1 milliards d'habitants

Pays le plus grand : Canada

Montagne la plus haute : Aconcagua, 6 959 m

Fleuve le plus long : Amazone, 7 000 km

La langue principale, en Amérique du Nord, est l'anglais. En Amérique centrale et en Amérique du Sud, on parle surtout espagnol, sauf au Brésil, où le portugais est utilisé. Ces zones linguistiques reflètent la répartition des anciens colons venus d'Europe sur le continent. Aujourd'hui, cette terre de tous les rêves abrite les descendants de ces colons, des esclaves venus d'Afrique et des Indiens, premiers habitants du Nouveau Monde.

- Statue de la Liberté à New York
- Monument Valley
- Site maya de Palenque
- Site inca du Machu Picchu
- Christ et Pain de Sucre de Rio de Janeiro
- Chutes d'eau d'Iguaçu

Des barriadas de Lima (Pérou) aux favellas de São Paulo (Brésil), les grandes villes sud-américaines sont entourées de bidonvilles où vivent les plus pauvres.

Dans le désert d'Atacama (Chili), l'un des plus secs de la planète, se trouve **la mine à ciel ouvert de Chuquicamata,** la plus grande mine de cuivre du monde.

En Argentine, dans la plaine de la Pampa, de grands troupeaux de moutons sont gardés par les gauchos, les cow-boys argentins.

La forêt et les terres vierges couvrent plus des trois quarts du territoire du Canada, le deuxième plus grand pays du monde (18 fois la France !).

Les États-Unis sont la première puissance économique de la planète. Leur monnaie, le dollar, est utilisée pour le commerce international. Le continent américain, comme le reste du monde, n'échappe pas à la domination et aux influences de cet État. La richesse des deux pays d'Amérique du Nord (les États-Unis et le Canada) contraste avec la misère qui existe dans certains pays d'Amériques centrale et du Sud.

Des publicités variées illuminent le quartier de **Times Square à New York (États-Unis) :** un symbole de la société de consommation américaine.

Le Brésil est le grand pays du métissage : Noirs, Indiens et Blancs se sont mélangés, alors qu'aux États-Unis, les communautés vivent séparées.

José vit aux États-Unis

José Arraya a neuf ans. Il habite avec ses parents et ses deux grandes sœurs dans la banlieue de Los Angeles. Sa maison est située au bord d'une autoroute, près de l'aéroport.

Les parents de José ont émigré du Mexique il y a quinze ans. Le matin, quand sa mère vient le réveiller, elle lui parle en espagnol.

Dans la ville de Los Angeles et sa banlieue, près de quatre habitants sur dix sont des « latinos » venus de pays hispaniques, comme le Mexique ou Cuba.

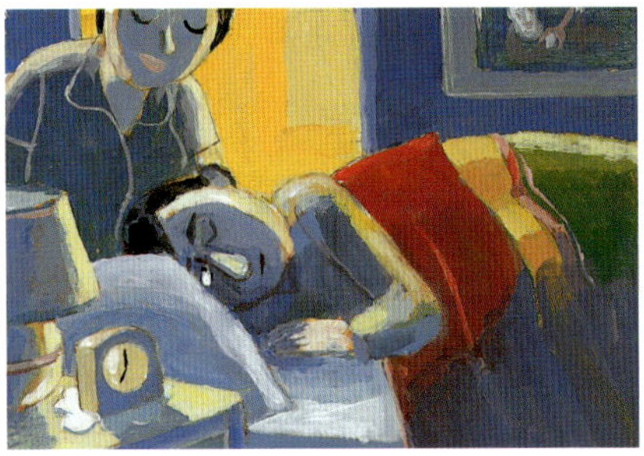

Le papa de José le conduit à l'école dans son pick-up rouge, la camionnette familiale.

Los Angeles et sa banlieue sont très étendues. Certaines autoroutes intérieures sont longues de plus de 40 km ! Presque tous les trajets se font en voiture.

José est dans une classe adaptée aux enfants latinos. Les mathématiques, l'histoire et les sciences sont enseignées en espagnol et les cours d'anglais, renforcés.

Après l'anglais, l'espagnol est la deuxième langue utilisée aux États-Unis. Il existe de nombreux journaux en espagnol.

C'est l'heure du déjeuner. À la cantine, José a le choix entre un burrito au poulet et une pizza au pepperoni. Il prend les deux !

Hamburger, pizza, pop-corn, sodas : les produits gras et sucrés sont consommés en grande quantité aux États-Unis. Aujourd'hui, près d'un Américain sur trois est obèse.

Le hamburger est à la base de la restauration rapide appelée « fast food ».

L'après-midi, José n'a pas cours et il rentre chez lui. Avant de faire ses devoirs, il s'installe devant la télévision : il regarde un match des Lakers, la grande équipe de basket de Los Angeles. Toutes les treize minutes, la retransmission du match est interrompue par de la publicité !

Aux États-Unis, un enfant regarde la télévision sept heures par jour en moyenne. Ces longues périodes d'inactivité favorisent l'obésité chez les jeunes Américains.

Ce soir, c'est la fête chez les Arraya : la sœur aînée de José vient d'obtenir son diplôme de fin d'études dans une grande université. Leur maman est très heureuse d'avoir fait des sacrifices pour l'inscrire dans ce « college ».

Pour s'inscrire dans une université américaine, il faut payer au minimum 6 000 euros par an.

Coiffés de **cette toque,** les étudiants américains reçoivent **ce diplôme** de fin d'études.

Après le dîner, José veut rejoindre un de ses copains dans la rue. Mais sa maman, inquiète, refuse qu'il aille dehors.

La violence est importante à Los Angeles : on y compte 2 500 meurtres par an.

L'Océanie

Plus de 20 000 îles constituent l'Océanie. Certaines sont montagneuses et volcaniques, d'autres sont des récifs coralliens.

Superficie : 9 millions de km^2

Population : 32 millions d'habitants

Pays le plus grand : Australie

Montagne la plus haute : Mont Willhelm, 4 694 m

Fleuve le plus long : Murray, 2 574 km

L'Australie est la plus grande île de l'Océanie… et du monde. Elle est entourée par deux autres grandes îles montagneuses : la Papouasie-Nouvelle-Guinée et la Nouvelle-Zélande. Les milliers d'autres petites îles qui forment l'Océanie s'éparpillent dans le Pacifique, entre l'Asie et les Amériques, surtout dans l'hémisphère Sud. Elles se répartissent en trois groupes : la Mélanésie, la Micronésie et la Polynésie. Si certaines îles sont indépendantes, d'autres appartiennent à des États étrangers. Elles servent souvent de bases militaires.

14 fois aussi grande que la France, l'Australie est aux trois quarts déserte. D'énormes camions à plusieurs remorques transportent marchandises et bétail sur de longues distances.

Les Aborigènes, les plus anciens habitants de l'Australie, ont peu à peu été chassés de leurs terres par les colons anglais, arrivés sur l'île au 18e siècle. Très peu nombreux, ils vivent aujourd'hui dans une grande pauvreté.

Les 5 millions d'habitants de ces îles vivent surtout de la pêche et de la culture (canne à sucre, banane, noix de coco). Les paysages paradisiaques de Polynésie attirent aussi les touristes... Mais leurs revenus ne peuvent rivaliser avec ceux de l'Australie. Cette géante de 7,7 millions de km² compte 20 millions d'habitants répartis dans les villes de la côte sud-est. Elle possède le plus grand troupeau de moutons du monde, elle récolte des céréales dans des exploitations ultramodernes et ses ressources minières (charbon, fer, bauxite, uranium) sont abondantes.

Malgré la colonisation franco-anglaise de l'archipel de **Vanuatu** jusqu'en 1980, **l'organisation villageoise est restée traditionnelle.** Dirigés par un chef, les villageois ont une vie de groupe très soudée : un enfant est protégé par ses parents et par toute la communauté.

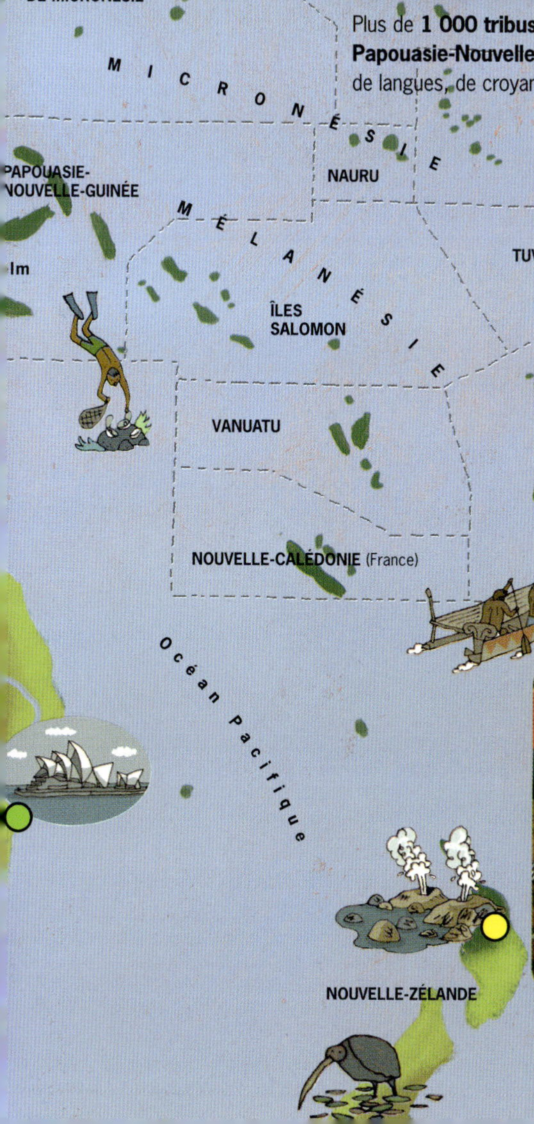

Plus de **1 000 tribus différentes vivent en Papouasie-Nouvelle-Guinée** et presque autant de langues, de croyances et de rites cohabitent...

Un ancien cratère de volcan encerclé par une barrière de coraux bordant un lagon d'eau turquoise, voici **l'atoll de Bora-Bora** (Polynésie française) : un paradis pour les touristes !

Le climat humide de **Nouvelle-Zélande** rend l'herbe des pâturages bien verte. Un vrai régal pour **les 50 millions de moutons** qui y paissent : leur viande et leur laine sont exportés dans le monde entier.

Les conflits dans le monde

Ils blessent et tuent des milliers de gens par an. Ils obligent aussi des hommes, des femmes et des enfants à quitter leur région ou leur pays et à devenir des réfugiés.

La guerre empêche les agriculteurs et les commerçants de travailler. **La nourriture se fait rare :** les réfugiés sont ravitaillés avec des aliments venus de l'étranger.

Pourquoi fait-on la guerre ?

Dans un pays, deux camps peuvent mener une guerre civile pour **contrôler les richesses et conquérir le pouvoir.** C'est le cas en Angola.

Deux ethnies qui n'arrivent pas à vivre ensemble peuvent s'affronter. Cela conduit parfois au génocide (ou massacre) d'une partie de la population, comme au Rwanda en 1994-1995.

Des files de civils marchent sur les routes. Dans le monde, 25 millions de personnes sont déplacées à cause de la guerre.

La guerre détruit les maisons. Dans les camps, les réfugiés, qui ont tout perdu, vivent dans des tentes en plastique.

Des organisations humanitaires internationales accueillent les réfugiés dans des camps. La sécurité est assurée par **les Casques bleus** de l'ONU.

Les armes du 21e siècle sont très meurtrières. La bombe atomique et les armes chimiques représentent une menace pour l'humanité. Un danger qui peut pousser les dirigeants à réfléchir avant de se lancer dans un conflit mondial ! En revanche, des centaines de « petites » guerres ravagent la planète. Ce sont surtout des guerres civiles qui touchent les pays pauvres.

Qui fabrique les armes ?

Les plus gros vendeurs d'armes sont les États-Unis, la Russie, la France, l'Allemagne et la Grande-Bretagne. La vente d'armes a rapporté 890 millions d'euros en 2001. Les prix varient : de 5 euros pour une grenade à 2 milliards d'euros pour un porte-avion. Les plus gros acheteurs sont des pays en paix, qui veulent se protéger : l'Arabie Saoudite, Taïwan, la Chine, la Grèce et la Turquie. Les pays pauvres en guerre s'adressent à des réseaux de trafic illégaux pour s'armer.

Une région souhaite se séparer de l'État auquel elle appartient. **Pour devenir indépendante,** elle peut déclencher une guerre. C'est le cas de la Tchétchénie à l'égard de la Russie.

Deux ou plusieurs États peuvent se combattre pour **conquérir ou récupérer des terres**. L'Inde et le Pakistan s'affrontent ainsi au sujet du Cachemire.

Souvent un conflit a **plusieurs causes :** des désaccords religieux, la conquête d'un territoire ou du pouvoir... C'est le cas au Moyen-Orient entre les Israéliens et les Palestiniens.

La guerre sépare les familles. Sur des panneaux, on affiche les photos **des disparus,** pour avoir de leurs nouvelles.

À cause de la guerre, 1 million d'enfants sont devenus **orphelins** au 20e siècle.

Des médecins soignent **les blessés** de guerre. Le manque d'hygiène ou la faim provoquent des maladies (choléra, peste, diarrhées...).

Les droits de l'homme

Amnesty International, fondée en 1961, défend les droits de l'homme dans le monde. Cette association s'oppose aussi à la torture et à la peine de mort.

Reporters sans frontières lutte pour que les journalistes puissent faire librement leur travail d'information à travers le monde.

L'Unicef, fondée en 1946, cherche à améliorer les conditions de vie des enfants des pays en voie de développement.

En 1948, l'ONU a adopté la Déclaration universelle des droits de l'homme. Respect de la personne, droit à la vie, à la liberté... : 30 articles définissent les principaux droits des hommes à travers le monde.

Ces droits sont loin d'être respectés partout. Mais c'est un idéal que tentent de défendre certains États ou organisations. Dans un pays démocratique comme la France, on peut dire ce qu'on pense, les enfants vont à l'école et on reçoit un salaire pour son travail. En revanche, certaines personnes souffrent de la misère. Dans d'autres pays, c'est encore la loi du plus fort qui règne. Les droits des habitants à vivre dignement ne sont pas respectés.

C'est ce qu'affirme **l'article 4** de la déclaration. Pourtant, à Haïti, 100 000 enfants de paysans ont été vendus à des citadins afin de les servir gratuitement.

C'est ce qu'affirme **l'article 1** de la déclaration. Pourtant, en Inde, la société est divisée en castes : certains hommes sont considérés comme inférieurs.

infos chiffrées

56, c'est le nombre de pays où des personnes sont emprisonnées à cause de leurs opinions.

415, c'est le nombre de condamnations à mort prononcées en Chine en 2001.

1,3 milliard, c'est le nombre de personnes qui doivent vivre sur Terre avec moins de 1 euro par jour.

C'est ce qu'affirme **l'article 19** de la déclaration. Pourtant, en Tunisie, on emprisonne les journalistes qui critiquent le pouvoir.

C'est ce qu'affirme **l'article 5** de la déclaration. Pourtant, en Russie, 10 000 prisonniers sont morts en 2001 pour cause de malnutrition ou de maladies…

C'est ce qu'affirme **l'article 25** de la déclaration. Pourtant, dans certains pays d'Afrique ou d'Asie, les malades du SIDA n'ont pas assez d'argent pour acheter des médicaments.

C'est ce qu'affirme **l'article 23** de la déclaration. Pourtant, en France, beaucoup de gens n'ont pas de travail.

C'est ce qu'affirme **l'article 26** de la déclaration. Pourtant, au Tchad, seulement une fille sur trois va à l'école.

le Petit doKéo

INTERNATIONAL

Ella Raison, rédactrice en chef ★ Édith Moitout, intervieweuse ★ Isidore Jamais, reporter-photographe ★ Anna-Lyse Poussé, statisticienne ★ Jean Rigole, dessinateur ★ Jean-Félix Pottins, rédacteur de brèves

Édito

« L'enfant a droit à une éducation (...) Il doit être protégé contre toute forme (...) d'exploitation. » Voici ce qu'affirme la déclaration des droits de l'enfant rédigée en 1959 par l'ONU. Or, dans le monde, un enfant sur cinq ne va pas à l'école. Et 250 millions d'enfants travaillent.

Ella Raison

Jean Rigole

Halte au travail **des enfants !**

Udayraj, 10 ans, ouvrier d'usine

Udayraj ne va pas à l'école, mais il travaille tous les jours de 4 heures du matin à 10 heures du soir. À Kalakatar, en Inde, il fabrique des tapis dans un atelier surveillé jour et nuit, afin que les enfants ne s'échappent pas.

Il y a un an, un recruteur est venu voir le père d'Udayraj au village. Il lui a demandé de lui vendre son fils. Il s'en occuperait bien, lui a-t-il promis, il lui trouverait même une école. Le père a accepté : il ne pouvait plus nourrir sa famille, faute de récolte.

L'interview d'Édith

Dinesh Krishna est membre d'une organisation contre le travail des enfants en Inde du Sud.

Y a-t-il beaucoup d'enfants qui travaillent en Inde ?
On pense qu'ils sont 130 millions et 50 millions travaillent dans des secteurs dangereux. Ils gagnent moins de 1 euro par jour quand ils sont payés...

Que faites-vous pour combattre ce fléau ?
Nous avons créé les « villages pour enfants ». Dans chacun d'eux, les enfants élisent des délégués qui peuvent discuter avec les adultes qui dirigent le vrai village !

En bref…

Enfants-soldats

Ils sont, dans le monde, près de 300 000. La plupart ont été recrutés de force, notamment dans des camps de réfugiés. Parmi eux, certains sont… des filles !

Esclavage Certains enfants, en Afrique et en Asie, sont gratuitement « mis à la disposition » de personnes auxquelles les parents doivent de l'argent. Cela s'appelle la « servitude pour dettes » : c'est purement et simplement de l'esclavage.

Pétard !

La plupart des pétards sont fabriqués dans les usines de deux provinces chinoises : Hunan et Jiangxi… par des enfants. Ils travaillent près de 12 heures par jour, exposés à des produits dangereux. Sans parler des risques d'explosion….

Jean-Félix Pottins

Le travail est dur et dangereux. Il y a beaucoup de fibres de laine dans l'atelier et Udayraj a du mal à respirer. Il faut aussi se méfier de certaines teintures : une goutte dans l'œil, et il risque de devenir aveugle.

Udayraj n'a pas le droit de s'arrêter pour déjeuner. À midi et le soir, il doit se contenter de deux rotis (morceaux de pain) servis avec du sel. Inutile de demander plus. Sinon, c'est la punition…

Isidore Jamais

Le travail des enfants en chiffres

Le travail des enfants est très répandu dans certains pays d'Afrique et d'Asie. Mais il n'a pas totalement disparu en Europe. Des enfants travaillent clandestinement dans des usines portugaises et des enfants africains sont employés dans les mines de Grande-Bretagne.

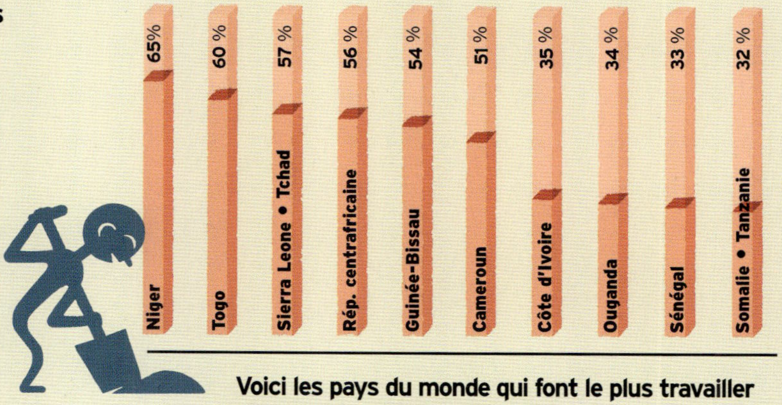

Voici les pays du monde qui font le plus travailler les enfants entre 5 et 14 ans.

Que demandent les délégués des enfants ?
Ils exigent l'interdiction du travail dangereux, le respect du droit d'aller à l'école et l'amélioration des conditions d'enseignement : plus de salles de classe, de livres…

Et ils sont écoutés par les adultes ?
Oui ! Il faut dire qu'un enfant indien est reconnu adulte bien plus tôt qu'un Européen. Ainsi une fille indienne est déjà mariée à treize ans…

Le scoop

La main dans la main…

En 1998, partis de Manille (Philippines), de São Paulo (Brésil) et du Cap (Afrique du Sud), trois groupes d'enfants exploités se mettent en marche pour sensibiliser l'opinion contre le travail des enfants. Direction : Genève, où doit se tenir une conférence de l'Organisation Internationale du Travail (OIT). À l'arrivée, on comptait plus de 10 000 marcheurs !

Jean-Félix Pottins

La Terre polluée

Avec leurs voitures et leurs usines, les pays riches ont un mode de vie très polluant. Les pays pauvres, eux, n'ont pas toujours les moyens de respecter la nature…

En Afrique, en Amérique du Sud et en Asie, des entreprises et des agriculteurs **coupent des forêts** pour exploiter le bois et cultiver la terre.

Un pétrolier qui coule provoque **une marée noire.** La mer et les côtes sont souillées par le pétrole, des poissons et des oiseaux sont tués.

Les hommes **jettent** des objets en plastique ou en verre, qui mettront de nombreuses années à se décomposer.

Les déchets nucléaires ont été mis dans des fûts au fond de l'eau jusqu'en 1982 : un danger de plus pour la mer !

Nous produisons et nous consommons de plus en plus. Les usines qui fabriquent ces biens brûlent du pétrole, du gaz ou du charbon et émettent dans l'air des gaz dangereux pour notre santé. La mer est polluée par des marées noires à cause du naufrage de pétroliers en mauvais état. En utilisant engrais et pesticides, les agriculteurs polluent le sol et les rivières. Air, terre, eau, sous-sol : rien n'échappe à la pollution.

Dans les villes, **les fumées** des usines et des voitures polluent l'air.

En Bretagne, les excréments des cochons élevés par millions rendent **les eaux souterraines non potables**.

Des gestes simples pour respecter la Terre

Trier les déchets afin que le verre, le papier, le carton soient recyclés et servent à fabriquer de nouveaux objets.

Éviter de prendre la voiture, surtout pour les courts trajets, et avoir des voitures à pot d'échappement anti-pollution.

Utiliser des engrais naturels, comme le fumier, plutôt que des engrais chimiques.

Éviter d'acheter des meubles en bois exotique, car certaines espèces d'arbres sont en train de disparaître.

Des mouvements écologistes tirent le signal d'alarme. Les dirigeants de tous les pays se réunissent pour trouver des solutions à ce problème : réduire l'émission de gaz et développer des sources d'énergie moins polluantes. Mais tous ne sont pas d'accord. Certains pays pauvres ont pour priorité de produire plus, sans avoir les moyens de polluer moins. Des pays riches comme les États-Unis refusent de modifier leur comportement.

CAFÉ
AIR INDIA
INDE
INDE
MUSÉE D'ART
USINE
CINÉMA
PLUTON ATTAK
NICHE
AÏE-TEK
ÉCOLE

Quel génie !

> « Je n'ai jamais eu de chagrin qu'une heure de lecture n'ait dissipé. »
>
> Montesquieu (1689-1755)

La musique, dit-on, adoucit les mœurs. Orphée était un poète et un musicien hors du commun. Selon la légende, lorsqu'il chantait en s'accompagnant de sa lyre, sa musique était si mélodieuse que tous les animaux le suivaient, les arbres cessaient de frémir et l'eau des rivières de couler. Son chant était plus envoûtant encore que celui des Sirènes qui détournaient les marins de leur route. C'est aussi grâce à sa musique qu'il apaisa Cerbère, le terrible chien à trois têtes, lorsqu'il descendit aux Enfers pour chercher sa femme, Eurydice. À sa mort, sa lyre fut placée dans le ciel par Zeus : elle devint la constellation de la Lyre, que tu peux encore voir briller dans la nuit.

Pygmalion, ce roi légendaire de Chypre, était aussi un fameux sculpteur. Déçu par l'amour des femmes, il avait décidé de se consacrer tout entier à son art. Un jour, il tomba amoureux d'une de ses propres œuvres : une magnifique statue de jeune fille en ivoire, qu'il avait sculptée et polie longuement jusqu'à ce qu'elle soit parfaite. Il supplia la déesse Aphrodite de lui donner vie. Elle accepta : Pygmalion put épouser Galatéa. Par son art, il avait créé la femme que la nature ne lui avait jamais fait rencontrer.

La pyramide de Kheops, en Égypte, est la seule « survivante » des Sept Merveilles du monde. Tu l'as sûrement déjà vue en photo, près du célèbre Sphinx. Les six autres ont été détruites ou ont disparu. On n'est même pas bien sûr qu'elles aient toutes réellement existé... Les Grecs avaient élevé ces monuments au rang de merveilles pour leur splendeur et leur architecture grandiose. Les connais-tu ? Ce sont les Jardins suspendus de Babylone, le temple d'Artémis à Éphèse, le mausolée d'Halicarnasse, le colosse de Rhodes, la statue de Zeus à Olympie et le phare d'Alexandrie. Cette liste, vieille de plus de 2 200 ans, n'a jamais été remplacée. Mais chacun peut, au cours de ses voyages, se constituer la sienne !

Les arts

**J'ai servi la beauté.
Y a-t-il au monde chose
plus grande ? "**

Sapho (fin du 7e siècle – 6e siècle av. J.-C.)

L'homme sait qu'il est mortel : c'est sans doute pour cela qu'il aspire à un idéal qui le dépasse et qu'il crée des œuvres d'art. Monuments, livres, tableaux, musique, films… les œuvres d'art traversent le temps. Elles survivent à leur créateur par leur beauté et leur caractère universel.

Le senior Quichotta avait lu tellement de romans de chevalerie qu'il voulut devenir chevalier lui aussi, et réaliser des exploits. Dans son grenier, il dénicha une vieille armure, un casque poussiéreux et une épée rouillée : voilà qui lui suffit pour devenir Don Quichotte de la Manche et partir sur les routes d'Espagne à la conquête du monde, en compagnie du fidèle Sancho Pança. Le héros de Cervantès combat des moulins qu'il prend pour des géants, des moutons qu'il prend pour des armées… Mais il ne doute pas une seconde de leur réalité ! Comme si la littérature était, selon le mot de Marcel Proust, « la seule vie réellement vécue ».

Des personnages de papier

Les mots sont les premiers héros des textes littéraires. En les agençant, l'écrivain invente des histoires et des personnages que l'on découvre et fait revivre, le temps d'une lecture, parfois bien des siècles plus tard.

Lors de son odyssée, le rusé **Ulysse** échappe au cyclope Polyphème en lui crevant l'œil.

C'est le poète grec **Homère** (8e s. av. J.-C.) qui aurait composé les poèmes épiques l'*Iliade* et l'*Odyssée*.

Les Mille et Une Nuits rassemble des contes arabes anonymes très anciens comme *Ali Baba ou Sindbad le Marin.*

Ali Baba découvre la grotte des 40 voleurs.

Malgré le refus de sa mère, **Perceval** décide de devenir chevalier et se rend à la cour du roi Arthur.

Dans ses romans de chevalerie, **Chrétien de Troyes** (12e s.) met en scène les chevaliers de la Table ronde (Arthur, Lancelot, Perceval...).

Au 16e siècle, **François Rabelais** raconte dans un style très inventif les aventures du géant **Gargantua**. L'une d'elles conduit celui-ci à voler les cloches de Notre-Dame pour les placer au cou de sa jument.

Le Corbeau et le Renard

Le poète **Jean de La Fontaine** (17e s.) est surtout connu pour ses fables, inspirées d'auteurs grecs anciens comme Ésope.

Charles Perrault (17e s.) a puisé dans les récits traditionnels français, non écrits, la matière de ses contes.

Le Petit Chaperon rouge

Tous les textes ne traitent pas du même sujet, et, surtout, pas de la même façon : on dit qu'il existe des genres littéraires. Ainsi, la poésie est une sorte de chant qui s'appuie sur les sonorités et les rythmes des mots, et le roman raconte une histoire. Certains genres sont très anciens, comme la poésie épique, qui chante les exploits des héros d'un peuple, d'autres sont plus récents, comme le polar ou la bande dessinée.

Monté sur son cheval Rossinante, **Don Quichotte** se bat contre les moulins qu'il prend pour des géants.

Sous la plume de l'Espagnol **Cervantès** (16e s.), Don Quichotte rêve d'exploits de chevalerie tandis que son serviteur Sancho Pança garde les pieds sur terre.

Marqué par une enfance difficile, l'Anglais **Charles Dickens** (19e s.) a mis en scène dans ses romans de jeunes garçons maltraités, tels **David Copperfield**.

Pour avoir recréé un homme à partir de morceaux de cadavres, le savant **Frankenstein** sera puni de sa folie.

En 1817, l'Anglaise **Mary Shelley** écrit *Frankenstein*, un roman qui mêle fantastique et science-fiction.

Nils Holgersson s'enfuit de chez lui sur le dos d'une oie qui migre. Il découvre ainsi son pays.

Roman d'aventures de la Suédoise **Selma Lagerlöf** (19e-20e s.), *Le Merveilleux Voyage de Nils Holgersson* est influencé par les contes populaires.

Les mésaventures de **Gaston Lagaffe**, héros de BD gaffeur et dans la lune, sont l'œuvre du Belge **André Franquin** (20e s.).

Sherlock Holmes réfléchit de façon si logique qu'il arrive à trouver le coupable des crimes les plus incompréhensibles.

À la fin du 19e siècle, l'Anglais **Sir Arthur Conan Doyle** a créé Sherlock Holmes, l'un des personnages les plus célèbres du roman policier.

Tous en scène !

Au théâtre comme au cinéma, des acteurs jouent la comédie. Mais le théâtre est un art vivant, différent de représentation en représentation, tandis que le film de cinéma est fixé une fois pour toutes sur la pellicule.

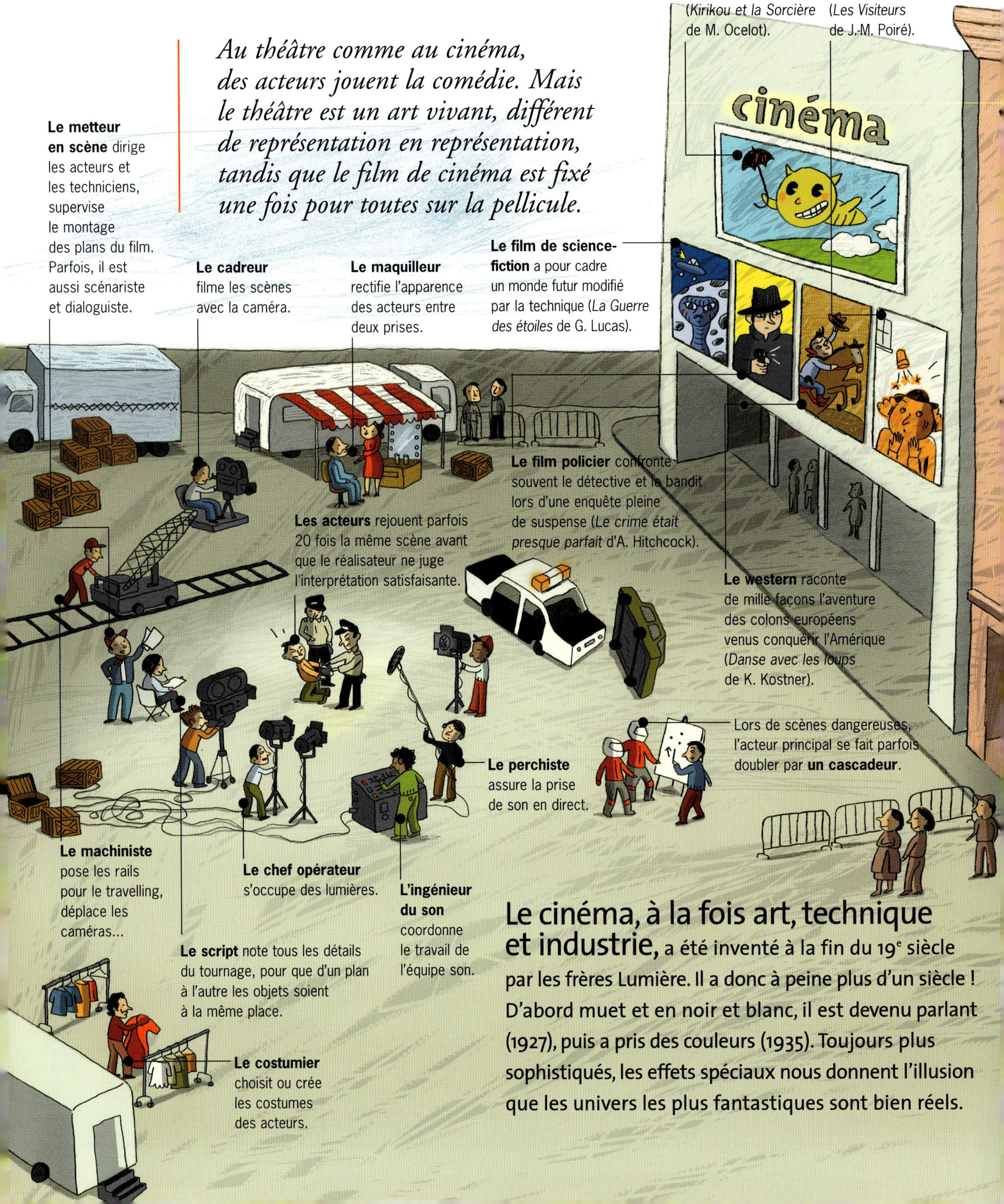

Le cinéma, à la fois art, technique et industrie, a été inventé à la fin du 19e siècle par les frères Lumière. Il a donc à peine plus d'un siècle ! D'abord muet et en noir et blanc, il est devenu parlant (1927), puis a pris des couleurs (1935). Toujours plus sophistiqués, les effets spéciaux nous donnent l'illusion que les univers les plus fantastiques sont bien réels.

Le théâtre occidental est né en Grèce au 6e siècle avant J.-C. avec la comédie et la tragédie. Des Mystères du Moyen Âge au théâtre de l'absurde (20e s.) en passant par le théâtre classique, aux 16e-17e siècles (Shakespeare, Molière...), il n'a cessé de se renouveler depuis 2 500 ans.

tout savoir sur...

Louis Jouvet

Date de naissance : 24 décembre 1887.
Métiers : directeur de théâtre, metteur en scène et comédien (théâtre et cinéma).
Convictions : « L'acteur ne peut jouer que certains rôles ; il déforme les autres selon sa personnalité. Le comédien, lui, peut jouer tous les rôles. » **Génie :** en tant que metteur en scène, il a monté avec succès des textes classiques, de Molière notamment, et fait découvrir des auteurs du 20e siècle, comme Jean Giraudoux et Jules Romains.
Réplique : « Moi j'ai dit bizarre ? Comme c'est bizarre ! », dans le film *Drôle de drame*, en 1937.

Au 17e siècle, Molière a inventé **la comédie-ballet**, mélange de théâtre et d'intermèdes chantés et dansés, comme *Le Malade imaginaire*.

Le nô est un genre japonais né au 14e siècle. Chanté, dansé et mimé, il traite de sujets religieux.

En Inde, les aventures des dieux sont racontées sur scène par des acteurs souvent masqués dans les adaptations de longs poèmes comme le ***Ramayana*** et le ***Mahabharata***.

Corneille et **Racine** sont les plus grands auteurs de **tragédies** français (17e s). Ils écrivaient des pièces à sujets historiques développant une seule action en un seul lieu sur un seul jour.

Au 16e siècle, les acteurs de **la Commedia dell'Arte**, jouent des personnages typés, tels Pantalon ou **Arlequin**, dans des pièces qui laissent part à l'improvisation.

Au 20e siècle, **metteurs en scène** et **auteurs** ont renouvelé le théâtre. Eugène Ionesco invente le « théâtre de l'absurde », qui ne suit en apparence aucune logique.

À chaque représentation d'une pièce de théâtre, **les acteurs** revivent leur texte, peaufinent les gestes fixés par la mise en scène pour un public toujours différent. L'émotion reste intacte.

le Petit doKéo

INTERNATIONAL

Ella Raison, rédactrice en chef
Édith Moitout, intervieweuse
Isidore Jamais, reporter-photographe
Anna-Lyse Poussé, analyste
Jean Rigole, dessinateur
Jean-Félix Pottins, rédacteur de brèves

Édito

Quand on pense au cirque, on imagine des clowns, des numéros de dressage, des jongleurs qui se succèdent sur la piste. À côté de ce cirque traditionnel, depuis les années 1970, des troupes inventent des spectacles centrés sur un seul art, par exemple le trapèze ou les numéros équestres.

Ella Raison

Jean Rigole

Festival de Joué-le-Jeu : **En piste, les artistes !**

Le festival de Joué-le-Jeu attire toujours plus de spectateurs. Rencontre avec deux troupes d'inspiration contemporaine et une compagnie traditionnelle.

L'interview d'Édith

Sam Faipapeur est dresseur de fauves dans un cirque.

Sam, comment faites-vous pour dresser vos lions et vos tigres ?
J'observe leur comportement, et je leur parle beaucoup, en les appelant chacun par leur nom. Ils sont habitués à ma voix. Je les félicite, je les gronde. Avant les années 1930, c'était plutôt la méthode forte, avec des barres de fer et des colliers étrangleurs. Heureusement, les dresseurs ont changé !

En bref...

À l'école du cirque

Il existe des écoles de cirque pour les grands, mais aussi pour les enfants. Implantées dans de nombreuses villes, elles t'apprendront à marcher sur un fil, à faire tourner une assiette sur une tige, à jongler avec trois balles ou à avancer perché sur un ballon !

Le cirque arrive !

Les cirques traditionnels continuent à voyager de ville en ville. Tu veux savoir quand ils seront dans la tienne ? Guette les affiches, la voiture équipée d'un haut-parleur qui sillonne les rues en vantant le spectacle, et le chapiteau qui pousse en quelques heures sur la grand-place.

Jean-Félix Pottins

Le cirque du Soleil (ci-dessus) a vu le jour en 1984 au Québec. Dans cette province du Canada, il n'y avait pas, comme en France, une tradition du cirque. Tout était donc à réinventer. Depuis lors, le succès a toujours été au rendez-vous. Cette troupe, qui emploie 2 500 personnes dont 500 artistes de plus de 40 nationalités, enchaîne les spectacles grandioses, dans l'esprit du nouveau cirque : pas d'animaux, une chorégraphie mêlant musique, danse et acrobaties, sans oublier les clowns, qui continuent de défier les modes.

Le Collectif AOC (ci-contre) a été créé en l'an 2000 par sept artistes tout droit sortis du Centre national des arts du cirque. Est-ce vraiment du cirque ? Sans nul doute ! Au trampoline comme au trapèze, ces acrobates s'envolent, s'empilent en pyramides humaines. C'est aussi autre chose que du cirque : AOC veut créer un pont entre cirque et théâtre. Plus qu'une simple succession de numéros, cette troupe présente un spectacle continu, où les performances physiques s'intègrent dans un ensemble musical et dansé.

Le cirque a longtemps été une affaire de familles : il y a eu les Bouglione, les Amar... **Le cirque national Grüss** (ci-dessus) poursuit l'aventure. Alexis fait évoluer ses chevaux sur la piste de 13 mètres de diamètre, la même depuis les débuts du cirque, au 18e siècle. Il fait aussi le clown blanc et joue de la musique. C'est lui, avec sa femme Gipsy, une Bouglione, qui a redonné vie au cirque familial. Leur fille Maud, comme Gipsy, est fildeferiste, mais aussi écuyère. Leur fils aîné Stephan est jongleur et écuyer, et le cadet, Firmin, clown, écuyer, acrobate... et même parfois ouvreur à l'entrée du spectacle... Dans la famille, chacun sait tout faire, et le fait plus que bien !

Isidore Jamais

Est-ce que les fauves ont toujours envie de travailler ?
Parfois, pendant les répétitions, un tigre se vautre sur son tabouret et se met à faire la sieste ! Il faut que je l'encourage.

Il y a beaucoup de travail pour préparer un numéro ?
Oh oui ! Des mois de répétitions ! Je les fais travailler chaque jour pour qu'ils sachent exactement à quel moment ils doivent faire une roulade ou sauter dans un cerceau. Et puis je dois aussi les nourrir et croyez-moi, ils en mangent, de la viande, ces gros chats !

Avez-vous peur parfois ?
Je n'oublie jamais que ce sont des fauves, même s'ils me connaissent bien, et je reste toujours sur mes gardes.

Des images plein les yeux !

Qu'ils soient sculpteurs, peintres ou photographes, les artistes n'ont pas pour but de copier la réalité. Ils en donnent une image qui correspond au sentiment qu'ils en ont, à leur technique et à leur vision du monde.

Les Égyptiens anciens pensaient que les œuvres d'art étaient douées de vie, comme leur modèle. *Le nain Seneb et sa famille*, sculpture en calcaire peint, date de 2 400 av. J.-C.

Dans sa *Madone au chardonneret*, **Raphaël** (1483-1520) respecte les règles de la perspective mises au point en Italie à la Renaissance, qui donnent au tableau un effet de profondeur.

Peintre de cour, **Diego Vélasquez** (1599-1660) a souvent peint le fils aîné de Philippe IV, roi d'Espagne. Ici, ce prince de 6 ans est représenté en chef militaire.

Dans *Maya à la poupée*, **Pablo Picasso** (1881-1973) peint sa fille à la fois de face et de profil, bouleversant la conception classique de la peinture.

La peinture, c'est l'application sur une surface (toile, roche, mur, papier...) de couleurs obtenues à partir de matières naturelles. Les pigments peuvent être mélangés à de l'eau (aquarelle, fresque) ou à de l'huile (peinture à l'huile). Les artistes du 20e siècle ont aussi utilisé la peinture acrylique.

La sculpture consiste à créer des formes en relief dans la pierre, la glaise, le métal, le bois, en utilisant les pleins et les vides, les ombres et les lumières.

Inventée au 19e siècle, **la photographie** permet de fixer sur un support sensible à la lumière une image de la réalité.

L'art a très longtemps été lié à la religion :

sculptées ou peintes, les images étaient un moyen d'entrer en relation avec le surnaturel, que ce soit en Égypte ancienne, en Afrique noire ou en Occident au Moyen Âge. À partir de la Renaissance, l'art se met au service de la beauté, jusqu'au 20e siècle, où la notion de « beau » n'est plus, pour certains artistes, le seul but de l'art.

Les artistes grecs représentaient le corps dans des proportions parfaites. Cette figurine en terre cuite (3e s. av. J.-C.) montre Éros, le dieu de l'amour, sous l'apparence d'un enfant joufflu.

Peinte au 12e siècle par **un artiste byzantin**, la *Vierge de Vladimir* est une icône de la religion orthodoxe : elle représente la Vierge Marie et son fils Jésus sans perspective (c'est-à-dire à plat).

Cette statue en bois, symbole de fertilité, est l'œuvre des **Yoruba du Nigéria**. Souvent, dans les pays d'Afrique noire, les œuvres d'art ont d'abord une fonction religieuse.

Peintre impressionniste, **Auguste Renoir** (1841-1919) peint avec des couleurs claires, par petites touches, pour traduire sur la toile la sensation produite par son sujet. Ici, *Gabrielle et Jean*.

anecdote

Le « scandaleux » Marcel Duchamp

Ce peintre français (1887-1968) a révolutionné l'art au 20e siècle. Très vite, certaines de ses œuvres font scandale, comme ses « ready-made » : sa *Roue de bicyclette*, en 1913, simple roue de vélo sur un tabouret, ou son célèbre urinoir posé à l'envers et baptisé *Fontaine* (1917). Pour lui, en effet, les objets manufacturés (industriels) peuvent être vus comme des œuvres d'art, pourvu qu'on change le regard qu'on leur porte.

L'Américain **Andy Warhol** (1928-1987) a été l'un des maîtres du pop art. Il a exploité les objets et les images de la société de consommation (boîtes de Coca-Cola, portraits de stars...) dans des séries aux couleurs acides. Ici, *Magnus*, en 1986.

Le photographe français **Édouard Boubat** (1923-1999) saisit des instants du quotidien, ces petits riens qui font la magie de la vie. Ci-contre, des enfants jouent à Paris en 1953.

Des notes et des pas

Dans son immense diversité, la musique est par excellence le langage universel des émotions. Qu'elle date d'hier ou d'il y a trois siècles, une œuvre musicale ne perd rien de sa force avec le temps.

Sur scène, les danseurs exécutent **un ballet romantique**, le *Lac des cygnes*, de Piotr Tchaïkovski, selon la technique de la danse sur pointes, apparue à la fin du 18e siècle.

Un orchestre symphonique comprend plus de 100 musiciens répartis en quatre sections : les cordes, les cuivres, les bois et les percussions.

Le chef d'orchestre donne son interprétation de la musique et aide les instrumentistes à jouer ensemble de façon harmonieuse.

Pendant des siècles, pour écouter de la musique, il fallait aller au concert. **La radio**, depuis les années 1920, puis **les disques**, à partir de 1950, l'ont mise à la portée de tous.

La musique est faite de sons

qui sont combinés selon un certain rythme. On la distingue des bruits, qui n'ont pas d'intentior artistique (souffle du vent, marteau piqueur....). Pour faire de la musique, l'homme utilise sa voi Il a aussi inventé des instruments qui produiser des sons quand on les pince, frotte, frappe, ou quand on souffle dedans. La danse, art du mouvement et de l'espace, a besoin de la musique, mais le contraire n'est pas vrai.

Le jazz a été inventé dans les années 1890 par des musiciens noirs de la Nouvelle-Orléans (États-Unis). La part laissée à l'improvisation y est très importante. *Grands jazzmen : Louis Armstrong, Miles Davis, Django Reinhardt…*

Composante du hip-hop, **le rap**, aux paroles mi-chantées, mi-parlées sur une musique très rythmée, exprime souvent une révolte. Le breakdance est la danse issue du hip-hop.

La voix est le premier instrument de musique. Souvent, les chants choraux intègrent plusieurs voix : du plus aigu au plus grave, les voix de soprano, alto, ténor et basse.

tout savoir sur...

Wolfgang Amadeus Mozart

Date de naissance : 27 janvier 1756.
Métier : interprète et compositeur. **Enfance :** pianiste et violoniste précoce, le jeune Autrichien n'a que 7 ans lorsque son père, Léopold, professeur de musique sévère, l'emmène faire une tournée de concerts dans les cours européennes. Il devient compositeur dès l'âge de 12 ans. **Œuvres :** opéras, messes, symphonies, concertos, musique de chambre... Mort à 35 ans, dans la misère, il laisse plus de 700 œuvres, parmi lesquelles l'opéra *Don Giovanni* (1787), la symphonie *Jupiter* (1788) et le *Requiem* (1791).

violon
contrebasse
bandonéon
piano à queue

guitares
batterie
basse

À l'origine, dans les années 1950, **le rock and roll** est un mélange de rhythm and blues (musique noire très rythmée) et de country (musique folklorique du sud-ouest des États-Unis). *Stars du rock : Elvis Presley, The Beatles, U2...*

Le tango, musique à rythme lent, est né en Argentine. C'est le Français Carlos Gardel qui a rendu populaire la danse dès 1912.

chrono

- **600** Premiers **chants grégoriens**.
- **1721** **Jean-Sébastien Bach** compose ses concertos brandebourgeois.
- **1786** **Wolfgang Amadeus Mozart** crée l'opéra *Les Noces de Figaro*.
- **1810** **Ludwig van Beethoven** écrit le concerto pour piano *L'Empereur*.
- **1882** **Richard Wagner** crée l'opéra *Parsifal*.
- **1913** **Igor Stravinski** fait scandale avec son ballet *Le Sacre du printemps*.
- **1926** Le trompettiste de jazz **Louis Armstrong** enregistre *Cornet Shop Suey*.
- **1967** **The Beatles** sortent le disque *Sgt. Pepper's Lonely Hearts Club Band*.
- **1978** Le musicien de reggae **Bob Marley** sort l'album *Babylon by bus*.
- **1982** **Michael Jackson** enregistre le disque *Thriller*.

sitar

La musique savante de l'Inde est d'origine religieuse. La danse, très codifiée, comprend par exemple 67 gestes des mains.

Apparue à la fin des années 1980, **la techno** (house, dance, jungle...) est une musique électronique souvent sans paroles et remixée (créée à partir d'extraits ou « samples » d'autres morceaux).

accordéon

Une chanson est un court poème composé de couplets chanté sur une mélodie. *Grands auteurs, compositeurs, interprètes : Édith Piaf, Jacques Brel, Georges Brassens...*

L'art des bâtisseurs

Les hommes construisent des maisons qu'ils habitent. Mais ils bâtissent aussi des édifices conçus pour durer longtemps : des temples et des églises dédiés à la prière, des mausolées pour honorer les morts, des palais et des châteaux qui montrent la puissance des rois et des seigneurs.

Fronton pointu, colonnade, bas-reliefs… **les temples grecs** ont inspiré les Romains, puis tout l'Occident à partir de la Renaissance.

Il y a 2 000 ans, pour alimenter les villes en eau, **les Romains** ont construit des aqueducs : l'eau y coule en pente douce, tantôt sous terre, tantôt sur des ponts.

Les maisons du Moyen Âge avaient une ossature en bois. Les trous entre les poutres étaient bouchés avec des briques ou de la terre.

Au Moyen Âge, les églises de **style roman** adoptent peu à peu un plan en croix latine et un voûtement en pierre. Tympans et chapiteaux sont souvent ornés de sculptures.

tympan

Les principaux matériaux de construction

ont été très longtemps la pierre, solide et facile à extraire, et le bois. À partir du 19e siècle, de nouveaux matériaux les ont peu à peu remplacés : l'acier, le verre, le béton armé. Les techniques, elles aussi, ont bien évolué. Aux engins de levage mécaniques utilisés dès l'Antiquité ont succédé, au 20e siècle, des engins de chantier motorisés et d'immenses grues qui rendent la construction bien plus rapide.

Dix merveilles du monde… parmi d'autres !

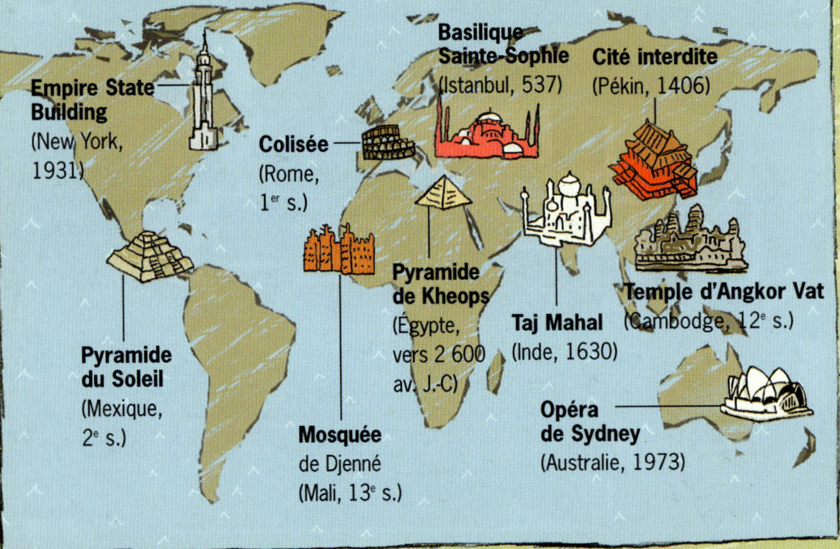

architecte

L'architecte doit donner ou redonner une forme à un bâtiment. Pour cela, il élabore un projet et dessine des plans, souvent sur ordinateur, en tenant compte des contraintes techniques et des possibilités des matériaux : un gratte-ciel en briques s'écroulerait ! Une fois le projet accepté, il choisit les entreprises et supervise les travaux sur le chantier.

Au Moyen Âge, **le château fort** est la demeure du seigneur. Douves, remparts, pont-levis, tours crénelées, tout y est conçu pour soutenir un siège !

Certaines villes ont longtemps été protégées par un **mur d'enceinte** qui en défendait l'accès.

À partir du 12e siècle, en Europe, **le style gothique** succède au roman. Les églises sont plus élancées, plus lumineuses. Elles se couvrent de vitraux.

vitrail

Au 15e siècle, **la Renaissance** renoue avec les modèles antiques. Les palais sont ornés de colonnades et agrémentés de jardins.

Rendue envisageable par l'invention de l'ascenseur, la construction des **gratte-ciel** débute à la fin du 19e siècle, aux États-Unis.

L'urbanisme est l'art d'agencer les monuments et les espaces d'une ville. Il s'est développé au 19e siècle.

Pendant des siècles, on a construit des ponts de pierre. Au 19e siècle, l'invention de l'acier a permis de réaliser d'immenses **ponts suspendus**.

Depuis le 20e siècle, la plupart des maisons et des immeubles sont construits en béton armé, à l'aide de **grues** et d'engins de chantier motorisés.

Au 19e siècle, la révolution industrielle voit naître le chemin de fer. **Des gares** à l'architecture métallique sortent de terre.

Pour construire une médiathèque ou une salle de concert, la ville lance un concours auprès des **architectes**.

« Le savant n'est pas l'homme qui fournit les réponses ; c'est celui qui pose les vraies questions. »

Claude Lévi-Strauss (Né en 1908)

À la fin du 19e siècle, Lord Ewald, un jeune aristocrate anglais, a le cœur brisé par Alicia, une demoiselle fort jolie mais vraiment trop bête. Un savant a la solution : fabriquer un robot, plus précisément une robote, qui aura l'apparence d'Alicia, et à l'intérieur de sa tête, glisser l'âme d'une fantômette très intelligente… Ainsi commence *L'Ève future*, écrit en 1886 par Villiers de L'Isle-Adam. La science résoudrait-elle les problèmes de cœur !?

Le titan Prométhée errait seul sur Terre à la recherche d'êtres vivants. N'en trouvant pas, il moula une forme humaine avec de l'argile et de l'eau de pluie. Athéna, déesse de la sagesse et de l'esprit, lui insuffla une âme, et le premier homme apparut. D'autres virent le jour. Prométhée s'occupa d'eux comme un vrai papa. Il leur apprit à lire, écrire, compter. Il leur enseigna les sciences et les arts. Du haut de son Olympe, Zeus regardait tout ça d'un très mauvais œil. Il punit férocement Prométhée, mais il était trop tard, le bon titan avait transmis la connaissance aux hommes…

Sciences et techniques

Au cours de l'année 1999, une rumeur court : le 31 décembre, à minuit, les ordinateurs du monde entier tomberont en panne, victime d'un bug monstrueux. Au lieu d'afficher 2000, leur horloge interne reviendra en 1900, ce qui provoquera des catastrophes en chaîne aux quatre coins de la planète : coupures d'électricité, blocage des ascenseurs, collisions dans le métro, accidents d'avions, etc. Le 31 décembre 1999, à minuit, le monde bascule tranquillement dans le 21e siècle, les ordinateurs aussi : le bug de l'an 2000 n'a pas eu lieu. Les informaticiens du monde entier avaient dû faire du bon travail.

Les ingénieurs et les chercheurs d'aujourd'hui sont face aux mêmes défis que les premiers hommes : inventer pour survivre, comprendre pour mieux vivre. Les techniques et les sciences s'entremêlent dans l'explication et dans l'action. C'est ainsi que les rêves deviennent réalité, que l'inimaginable devient possible !

“Il n'y a point de génie sans un grain de folie.”

Poétique d'Aristote

Albert Robida était un sacré visionnaire ! Dans son roman *Le Vingtième Siècle*, publié en 1883, il avait prévu l'invention du disque, du téléphone, du magnétoscope. Mais surtout, il avait imaginé le téléphonoscope : une grande plaque de cristal installée sur le mur de son salon qui permet de voir des spectacles en direct ou d'avoir une conversation avec un interlocuteur situé à l'autre bout de la planète. Anticiper dès 1883 la télévision, la visiophonie et même l'écran plat, qui dit mieux ?!

Des inventeurs de génie

Sans eux, le monde serait encore à l'âge de pierre ! Les inventeurs imaginent ou perfectionnent des objets nouveaux, inédits, extraordinaires. Parfois, ce sont de véritables révolutions.

L'eau s'écoule, actionne des roues, fait monter un flotteur. **La clepsydre** indique l'heure exacte.

Dans **l'orgue à piston,** de l'air est comprimé par une pompe à pédale : le tuyau émet une note.

La machine volante imite le vol des oiseaux : un rêve impossible, car l'homme ne peut pas battre l'air avec ses bras assez vite.

Comme les autres machines de levage, **la grue** utilise des engrenages perfectionnés.

La machine à vapeur est une sorte de marmite dont la vapeur pousse un piston qui entraîne une roue.

Ctésibios vers - 300

Archimède avait découvert la vis et le levier. **Ctésibios** invente des mécanismes ingénieux à eau et à air.

L'odomètre mesure des distances. À chaque tour de roue, un caillou tombe. Il suffit de compter les cailloux !

Vinci en 1485

Artiste, militaire, dessinateur et architecte, **Léonard de Vinci** invente de nouvelles machines grâce à l'observation de la nature et au calcul.

Pour inventer, il n'existe pas de recettes !

Mais un esprit curieux, original et attentif sait saisir toute idée nouvelle, déceler le futur à partir des connaissances du présent ou parfois transformer le hasard en solution géniale. Il faut aussi beaucoup de travail et de ténacité pour que l'idée devienne un objet qui fonctionne. Ctésibios et les mécaniciens grecs, Léonard et les ingénieurs de la Renaissance, Watt et les inventeurs de la révolution industrielle, Edison et les entrepreneurs du 19e siècle, Bardeen, Brattain, Shockley et les chercheurs et ingénieurs du 20e siècle, tous ont un point commun : ils inventent pour le plaisir.

chrono

- **- 3000 Roue** Mésopotamie
- **- 1000 Cadran solaire** Égypte
- **- 85 Moulin à eau** Grèce
- **105 Papier** Chine
- **600 Charrue** Allemagne
- **1190 Gouvernail** Liban
- **1600 Lunette astronomique** Italie
- **1645 Machine à calculer** France
- **1867 Dynamite** Suède
- **1901 Aspirateur** Angleterre
- **1946 Ordinateur** États-Unis
- **1989 Game Boy** Japon

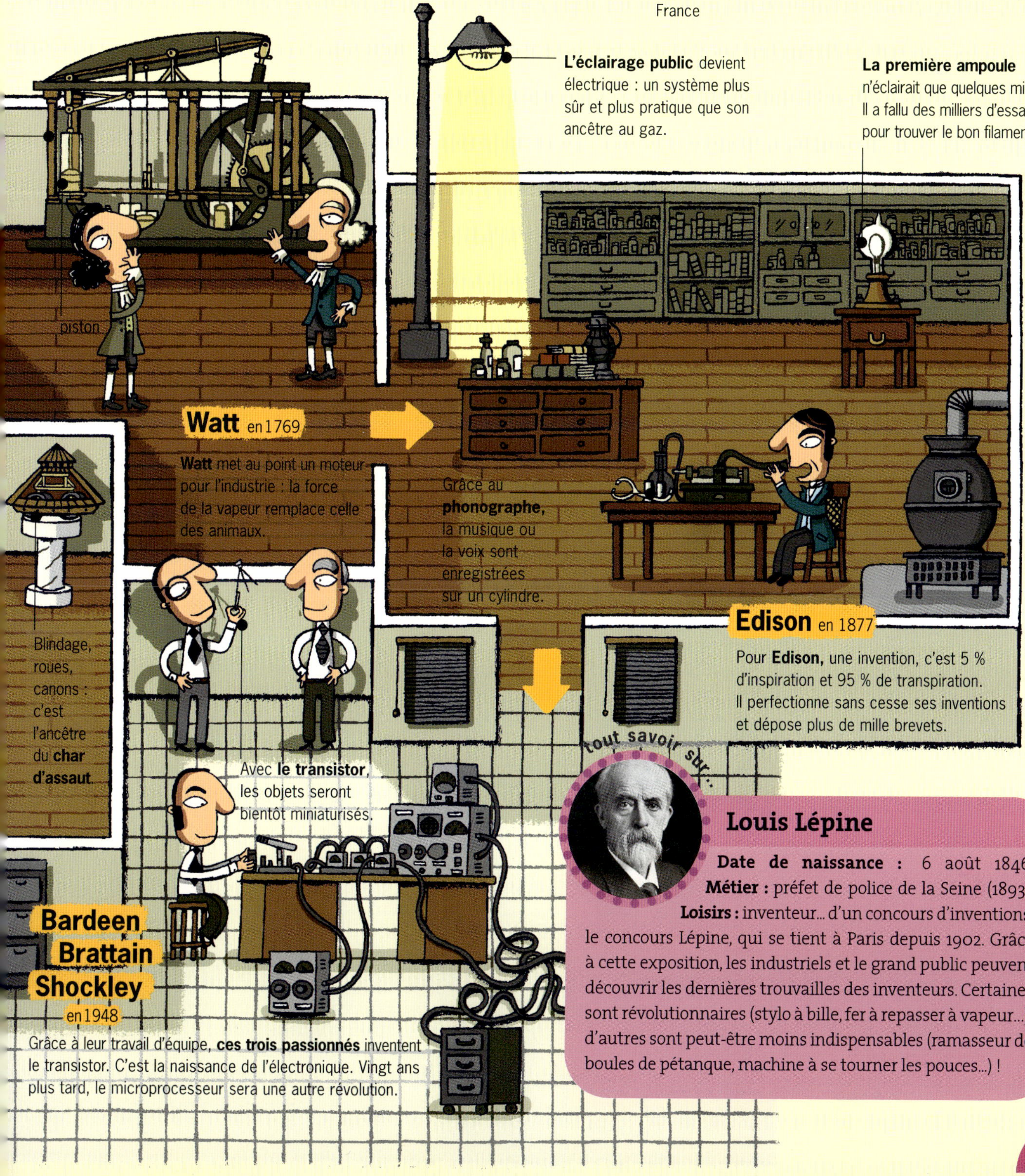

L'éclairage public devient électrique : un système plus sûr et plus pratique que son ancêtre au gaz.

La première ampoule n'éclairait que quelques minutes. Il a fallu des milliers d'essais pour trouver le bon filament.

Watt en 1769

Watt met au point un moteur pour l'industrie : la force de la vapeur remplace celle des animaux.

Grâce au **phonographe,** la musique ou la voix sont enregistrées sur un cylindre.

Edison en 1877

Pour **Edison,** une invention, c'est 5 % d'inspiration et 95 % de transpiration. Il perfectionne sans cesse ses inventions et dépose plus de mille brevets.

Blindage, roues, canons : c'est l'ancêtre du **char d'assaut**.

Avec **le transistor**, les objets seront bientôt miniaturisés.

Bardeen Brattain Shockley en 1948

Grâce à leur travail d'équipe, **ces trois passionnés** inventent le transistor. C'est la naissance de l'électronique. Vingt ans plus tard, le microprocesseur sera une autre révolution.

tout savoir sur...

Louis Lépine

Date de naissance : 6 août 1846.
Métier : préfet de police de la Seine (1893).
Loisirs : inventeur... d'un concours d'inventions, le concours Lépine, qui se tient à Paris depuis 1902. Grâce à cette exposition, les industriels et le grand public peuvent découvrir les dernières trouvailles des inventeurs. Certaines sont révolutionnaires (stylo à bille, fer à repasser à vapeur...), d'autres sont peut-être moins indispensables (ramasseur de boules de pétanque, machine à se tourner les pouces...) !

Plus vite, plus loin !

À pied ou à cheval, il est bien difficile de découvrir le monde ! Grâce aux engins de transport, toujours plus performants, les montagnes et les mers ne sont plus des obstacles, le ciel et l'espace sont conquis.

Rocket de Stephenson (1829, 47 km/h)

Avec **le TGV** (1990, 500 km/h), la vitesse du train a été multipliée par 10 en moins de deux siècles.

Chaque moyen de transport a son ancêtre.

Quels progrès entre le premier et le plus récent ! Le vent et les animaux ont longtemps été les seuls moteurs. C'est grâce à la machine à vapeur que le train, l'avion, la voiture... ont pu voir le jour. Puis, avec le pétrole et le moteur à explosion, tous les records de vitesse et de distance ont été battus. Enfin, de nouveaux moteurs et d'autres sources d'énergie ont permis la conquête de l'espace et des fonds marins.

Automobile de Panhard et Levassor (1894, 20 km/h)

Avec un radar anticollision, un accélérateur intelligent et des capteurs de position, **la voiture de demain** s'adaptera à l'état de la chaussée et à la circulation.

Célérifère (1791)

Pour passer du célérifère au **VTT**, il a fallu inventer la direction, la chaîne, la dynamo, le frein et le pneu.

Patin à terre de Merlin (vers 1700)

D'abord équipé de bobines en bois, puis de roues en métal, **le patin à roulettes** est désormais en plastique.

La vitesse du **Concorde** (1973 - 2003, 2 200 km/h) etait deux fois celle du son. Cet avion supersonique reliait Paris à New York en moins de 4 heures.

Éole de Clément Ader (1897)

Vostok (1961)

La navette spatiale peut atteindre une vitesse de 40 000 km/h. Le premier vol touristique a eu lieu en 2001.

anecdote

Les premiers jours de la montgolfière

Le 5 juin 1783, après plusieurs essais exécutés en secret, **Étienne et Joseph Montgolfier** font s'élever un immense globe de toile rempli d'air chaud. Le 12 septembre, Louis XVI et sa famille assistent au premier voyage aérien... d'un mouton, d'un coq et d'un canard ! Et le 21 novembre, Pilâtre de Rozier et le marquis d'Arlandes traversent Paris en montgolfière à 1 000 mètres d'altitude. Bientôt les premières balades en ballon !

L'aéroglisseur flotte sur un coussin d'air. Ses hélices le propulsent à 110 km/h.

Tronc d'arbre (-10000 ans)

Selon l'inclinaison des pales de l'hélice, **l'hélicoptère Westland Lynx** peut décoller à la verticale, voler sur place ou avancer à 400 km/h.

Autogire de Cierra (1930)

Faute d'air, **les sous-marins** sont propulsés par des moteurs électriques alimentés par des batteries ou des centrales nucléaires.

Tortue de Bushnell (1791)

Petits mystères des objets quotidiens

On branche un appareil, on appuie sur le bouton. Des voyants s'allument. Parfois, on entend du bruit. Mais comment ça marche ? Que dissimule le boîtier ? En avant pour une promenade scientifique dans notre univers familier !

Sur l'écran du casque, une piste noire, aux pieds, des capteurs de mouvements. Avec **la réalité virtuelle**, on s'y croirait !

Autrefois, les objets étaient

fabriqués à partir de matériaux naturels : bois, cuir, corne, laine... Peu à peu, l'homme a transformé le sable en verre, les minerais en métaux, le pétrole en plastiques. Ils sont alors devenus de plus en plus petits, légers, pratiques et économiques. Une nouvelle révolution est en cours : les matériaux sont désormais des mélanges complexes parfaitement adaptés à la fonction des objets.

Le ski est un sandwich d'aluminium, de fibre de verre, de résine et de plastique.

Les fibres textiles de ce **pull polaire** sont fabriquées en recyclant les bouteilles d'eau en plastique !

Sur l'écran de **télévision**, les couleurs de l'image sont obtenues par le mélange de lumière verte, rouge et bleue.

Avec des fils mélangés à des **substances chimiques**, pas de fermentation et halte aux mauvaises odeurs !

Les fils électriques sont en cuivre car ce métal est un très bon conducteur de l'électricité.
Le flotteur commande l'ouverture et la fermeture du robinet. **La chasse d'eau** se remplit.
flotteur
Emprisonné dans les billes de polystyrène, l'air est le meilleur **isolant**.
mur
polystyrène
Sur un CD, la musique numérique est enregistrée sous forme de minuscules creux et reliefs. **Le lecteur CD** la lit avec son rayon lumineux.
Le moteur fait tourner la poulie qui transmet le mouvement au câble. Les banquettes du **télésiège** avancent.
Dans **un réfrigérateur**, le liquide réfrigérant du circuit absorbe la chaleur des aliments. Leur température baisse.
L'air froid est chauffé par la résistance électrique en bas du **radiateur**. L'air chaud, plus léger, sort par le haut.
Traversé par le courant électrique, le filament de **l'ampoule** chauffe à très haute température et émet la lumière.
Dans **un micro-ondes**, les ondes agitent très fort l'eau contenue dans les aliments. L'eau est chauffée, le poulet aussi !

En route vers le cyberespace

Aujourd'hui, on peut tout savoir n'importe où et n'importe quand. Reliés entre eux par des machines en réseau, les hommes dialoguent, travaillent, jouent. Cet univers d'information a un nom : le cyberespace.

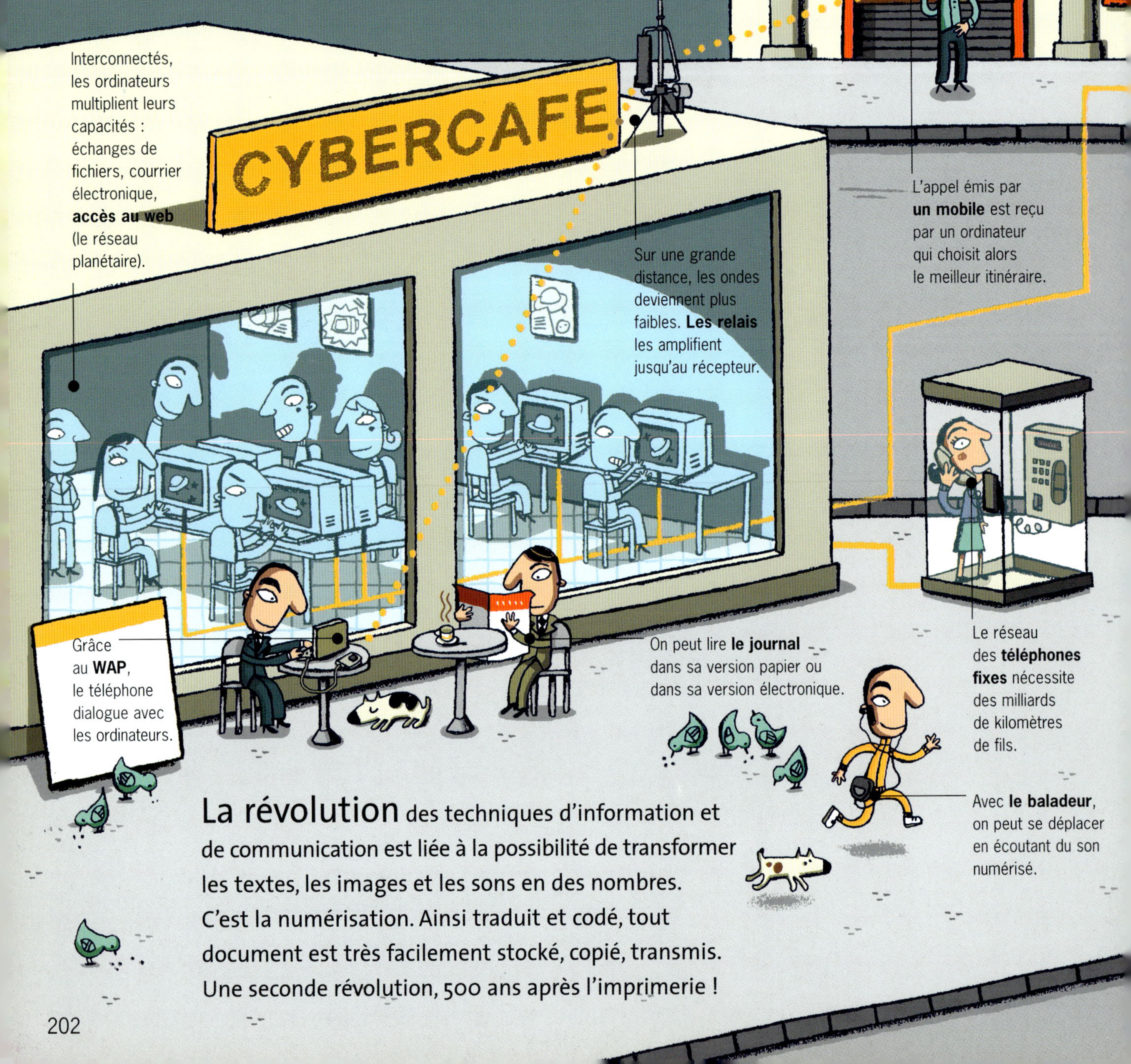

La révolution des techniques d'information et de communication est liée à la possibilité de transformer les textes, les images et les sons en des nombres. C'est la numérisation. Ainsi traduit et codé, tout document est très facilement stocké, copié, transmis. Une seconde révolution, 500 ans après l'imprimerie !

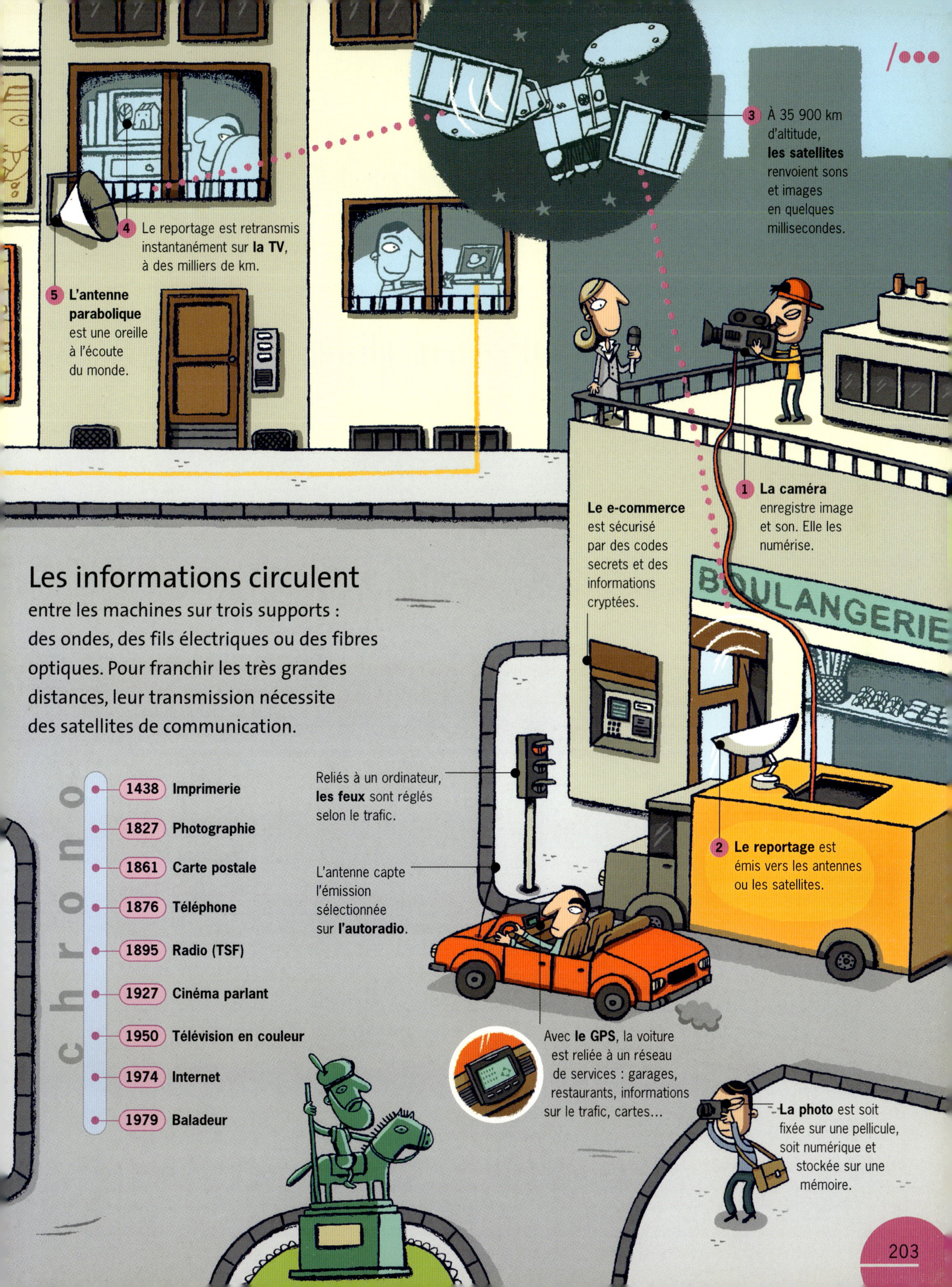

Les informations circulent

entre les machines sur trois supports : des ondes, des fils électriques ou des fibres optiques. Pour franchir les très grandes distances, leur transmission nécessite des satellites de communication.

chrono

- **1438** Imprimerie
- **1827** Photographie
- **1861** Carte postale
- **1876** Téléphone
- **1895** Radio (TSF)
- **1927** Cinéma parlant
- **1950** Télévision en couleur
- **1974** Internet
- **1979** Baladeur

Les machines au travail

Dans une usine, la conception et la production des objets est assistée par les ordinateurs : des calculateurs puissants qui reçoivent, stockent, transforment, transmettent des informations numériques. Ils dessinent les maquettes, contrôlent les robots industriels et ajustent les livraisons.

Pour un constructeur automobile,

le lancement d'un nouveau modèle est une aventure. En un peu plus de deux ans, tout doit être prévu pour satisfaire les clients, produire des milliers de voitures et les fabriquer en une semaine seulement. Grâce aux maquettes virtuelles et aux simulations de crash tests, de conduite sous la pluie, de fonctionnement des robots de production, l'équipe gagne de précieuses minutes. Sans ordinateurs, ce serait impossible !

Dans ces bureaux, tout est secret : on invente la nouvelle voiture, codée X89 ! À partir de sondages auprès des futurs clients, on fait des centaines de dessins et de maquettes. Enfin, la future X89 est choisie. Pas facile de concevoir aujourd'hui la voiture qui plaira demain !

Ici, on réalise le prototype de la X89, c'est-à-dire le premier exemplaire de ce modèle. Il faut tout définir : les dimensions, les matériaux, les couleurs de toutes les pièces, du moteur au clignotant. Il faut tester aussi les machines et les robots.

Nous voici maintenant dans l'usine de production. Tout est automatisé et parfaitement réglé, du pressage des portières à la peinture de la carrosserie. C'est **l'ordinateur central** qui contrôle ce ballet des robots soudeurs, transporteurs, peintres… Un véritable chef d'orchestre !

Là, c'est le dernier atelier. On y monte le tableau de bord, le moteur, les roues… Le plus important, c'est de ne jamais manquer de pièces. Selon le stock, **un ordinateur** les commande aux fournisseurs pour qu'elles soient livrées juste à temps.

Les robots sont-ils intelligents ?

Les robots n'ont que l'intelligence qui leur a été donnée ! Les robots industriels sont capables de voir grâce à leurs caméras et de toucher avec leurs pinces munies de capteurs. Mais ce sont des esclaves qui réagissent aux instructions de leurs programmes informatiques. Les robots de loisirs paraissent plus malins car ils sont désobéissants : ils ne doivent jamais faire les mêmes gestes mais réagir à des contextes toujours différents.

Une fois les derniers réglages effectués, la voiture peut être livrée avec toutes ses options (couleur, toit ouvrant…). Il n'y a jamais d'erreur car chaque voiture porte **une puce électronique** avec toutes les informations de la commande !

le Petit doKéo

INTERNATIONAL

Ella Raison, rédactrice en chef ★ Édith Moitout, intervieweuse ★ Isidore Jamais, reporter-photographe ★ Anna-Lyse Poussé, analyste ★ Jean Rigole, dessinateur ★ Jean-Félix Pottins, rédacteur de brèves

Édito

Pendant des siècles, on a essayé de mettre au point des machines vivantes, des copies d'homme ou d'animal. À la fin du 20e siècle, les robots étaient encore des jouets extraordinaires. Aujourd'hui fabriqués en série, les robots sont des créatures sensibles et parfois même désobéissantes.

Ella Raison

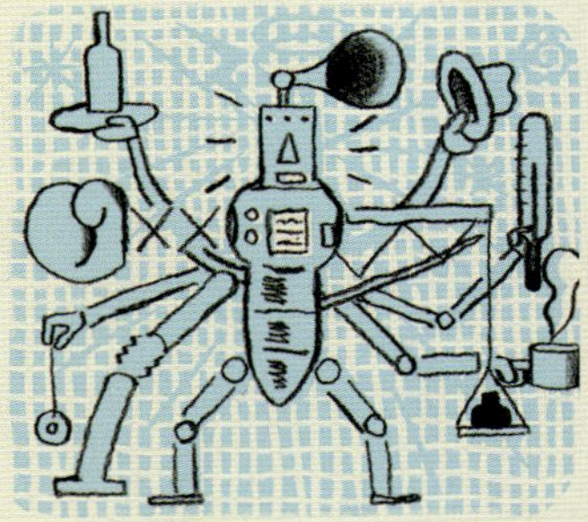

Jean Rigole

AIBO : les robots sont adoptés !

Le robot AIBO de Sony est un ordinateur sur pattes doté d'une intelligence artificielle !
Son comportement dépend des événements qu'il perçoit, de sa motivation du moment et de ses expériences passées. Son programme combine quatre instincts (affection, curiosité, déplacement, appétit) et six émotions (joie, colère, tristesse, surprise, peur et mécontentement).

L'interview d'Édith

Akira Oshima collectionne les robots depuis plus de vingt ans.

Monsieur Oshima, d'où vous vient cette passion ?
Peut-être de mes premiers jouets mécaniques ou bien de Pinocchio. J'ai toujours été émerveillé par ces machines qui nous ressemblent un peu !

Quel est votre robot le plus ancien ?
Éric, le premier robot ! Il date de 1922 et a été réalisé pour une pièce de Karel Capek. C'est cet auteur qui a inventé le mot « robot », à partir du mot « travail », en tchèque. Cet androïde est radioguidé.

En bref…

Robocup L'ambition de cette compétition est de créer une équipe de robots footballeurs capable de battre en 2050 les vrais champions du monde. Chaque année, les matchs montrent les progrès en intelligence artificielle collective. Pour marquer, les robots communiquent entre eux et se souviennent de leurs meilleures tactiques !

Attention à la marche ! Les vieux androïdes imitaient déjà de nombreux gestes humains. Aujourd'hui, certains robots savent monter un escalier : une vraie prouesse technologique car le robot doit à tout moment trouver son équilibre et savoir où il met les pieds !

Jean-Félix Pottins

AIBO apprend à parler : les chercheurs de Sony travaillent sur un prototype qui reconnaîtrait et nommerait les objets. Le principe est simple. AIBO associe une balle rouge et le son « balle ».

Il apprend aussi à reconnaître la question « qu'est-ce que c'est ? ». Quand on lui montre une balle rouge et qu'on lui pose cette question, le chien robot aboie « balle ».

S'il voit une cerise pour la première fois, il commence par se tromper : la cerise aussi est ronde et rouge. Puis il apprend « cerise ». Et ainsi de suite…

Isidore Jamais

Et les autres ?
J'ai remis en état des automates d'autrefois, ces superbes poupées qui jouent du piano, écrivent ou parlent. J'aimerais bien trouver le joueur d'échecs de 1750. On pense qu'un homme était dissimulé à l'intérieur !

Mais vous avez de vrais robots domestiques ?
Ils sont plus récents, à partir de 1970. Grâce à leurs programmes, ils peuvent tondre la pelouse, récurer les parquets, faire la cuisine, arroser les plantes… Ils sont bourrés d'électronique. Ce sont de bien curieux ordinateurs !

Comment voyez-vous les robots dans 20 ans ?
Avec les progrès de l'intelligence artificielle, les robots de la prochaine génération vivront avec nous, attentifs à tous nos besoins. De vrais compagnons !

Avec Victor, le robot de voiture, impossible de s'endormir au volant !

INDEX

A

B

C

H

I

J

K

L

M

S

T

U

V

W

Y

Z

CRÉDITS PHOTOGRAPHIQUES

14 g COSMOS / SPL / Tony & Daphne Hallas ; **14** m g COSMOS / SPL / John Sanford ; **14** m d CIEL ET ESPACE / AAO / D. Malin ; **15** d CIEL ET ESPACE / APB / S. Numazawa ; **16** h European Southern Observatory / Archives Larbor ; **16** b ESO ; **17** m d NASA / Archives Larbor ; **22** ARCHIVES NATHAN / BNF, Paris ; **23** COSMOS / SPL / Planetary Visions / Geosphere Project - Tom Van Sant ; **26** CORBIS / Gary Braasch ; **27** h HOA-QUI / EXPLORER / F. Gohier ; **27** b COSMOS / Popperfoto / Duncan Willetts ; **32** HOA-QUI / Explorer / J. P. Nacivet ; **32** m HOA-QUI / Explorer / Mohamed Torche ; **33** h BIOS / J. C. Munoz ; **33** m h BIOS / J. C. Munoz ; **33** m b BIOS / Juan Manuel Borrero Ramirez ; **33** b BIOS / OSF / J. Brown ; **36** h JOEL HALIOUA EDITORIAL AGENCY / James D. Watt ; **36** b JOEL HALIOUA EDITORIAL AGENCY / Seapics.Com / Phillip Colla ; **37** h GETTY IMAGES / Image Bank / Jeff Hunter ; **37** b NATIONAL GEOGRAPHIC SOCIETY / Emery Kristoff ; **43** g METEOSAT and GOES-EAST IR Images ; **43** d Rectorat de l'Académie d'Orléans-Tours ; **44** h GAMMA / El Diaro de Hoy / Sanabria ; **44** b GETTY IMAGES / Image Bank / Burton McNeely ; **45** h g GAMMA / ABC Agency ; **45** h d AFP / Jiji Press ; **45** b g AFP ; **45** b d HOA-QUI / Maurice Krafft ; **60** g MNHN / PALEONTOLOGIE / D. Serrette ; **60** m MNHN / PALEONTOLOGIE / D. Serrette ; **60** d MNHN / PALEONTOLOGIE / D. Serrette ; **61** b g MNHN / PALEONTOLOGIE / D. Serrette ; **61** m Musée des Dinosaures d'Esperaza / Jean Le Loeuff ; **61** d MNHN / PALEONTOLOGIE / D. Serrette ; **77** g BIOS / Nigel Dennis ; **77** d BIOS / Klein-Hubert ; **78** JOEL HALIOUA EDITORIAL AGENCY / Minden Pictures / Michael & Patricia Fogden ; **79** BIOS/ M. & C. Denis-Huot ; **81** JACANA / PHR / Paul A. Zahl ; **83** g BIOS / Roger Le Guen ; **83** m BIOS / Daniel Heuclin ; **83** d BIOS / Jean-Denis Prevot ; **90** h g BIOS / OSF / T. Jackson ; **90** h d BIOS / Yves Noto Campanella ; **90** m JOEL HALIOUA EDITORIAL AGENCY / Minden Pictures / Konrad Whote ; **90** b g JACANA / PHR / Dennis Nigel ; **90** b d JACANA / Norbert Wu ; **91** h g JACANA / Anup Shah ; **91** h d BIOS / Klein-Hubert ; **91** m JOEL HALIOUA EDITORIAL AGENCY / Minden Pictures / Mark Moffett ; **91** b g PHO.N.E. / Jean-Paul Ferrero ; **91** b d JACANA / Jurgen Freund ; **112** g AFP / OFF ; **112** m g COSMOS / SPL / John Reader ; **112** m m COPPENS Yves ; **112** m d MUSEE DE L'HOMME, Paris ; **112** d COSMOS / Robert Frerck ; **113** MUSEE DE L'HOMME, Paris / M. Oster ; **117** g AKG / Erich Lessing ; **117** m ARCHIVES NATHAN / BNF, Paris ; **117** d DAGLI ORTI G. ; **118** AKG / Erich Lessing ; **119** DAGLI ORTI G. ; **122** Archives Larbor / Hubert Josse ; **123** Archives Nathan ; **126** BRIDGEMAN - GIRAUDON ; **135** h ARCHIVES NATHAN ; **135** b ARCHIVES NATHAN ; **137** ROGER-VIOLLET ; **138** h ARCHIVES NATHAN ; **138** m h KEYSTONE ; **138** m b RUE DES ARCHIVES / Tallandier ; **138** b Getty Images / Hulton Archive ; **139** RUE DES ARCHIVES / Tallandier ; **140** h g RUE DES ARCHIVES / FIA ; **140** h m MAGNUM Photos / Robert Capa ; **140** h d ROGER-VIOLLET ; **140** b AFP ; **141** h g PHOTOS12.COM / Bertelsmann Lexicon Verlag ; **141** h d SIPA PRESS / Alfred ; **141** m g SIPA PRESS / Setboun ; **141** m d CORBIS / Zen Icknow ; **141** b g CORBIS / David Turnley ; **141** b d CORBIS SYGMA / N. Y. Newswire / Sands ; **144** g GAMMA ; **144-145** COSMOS / Mark Henley ; **148** h GAMMA / Nordske ; **148** m HOA-QUI / Patrick Frilet ; **148** b g CORBIS / Eye Ubiquitus / David Cumming ; **148 -149** REA / Benoît Decout ; **149** m CORBIS / David Turnley ; **149** b m HOA-QUI / Hwasig Jeon ; **150-151** COMMISSION EUROPEENNE ; **156** m COSMOS / Pascal Maître ; **156** b g GAMMA / William Stevens ; **156** b d GAMMA / Pascal Maître ; **157** h COSMOS / Robert Frerck ; **157** m COSMOS / Pascal Maître ; **157** b GAMMA / Xavier Rossi ; **159** m HOA-QUI / M. Ascani ; **159** b HOA-QUI / D. Renaud ; **160** h GAMMA / Patrick Aventurier ; **160** m COSMOS / Serge Sibert ; **160** b COSMOS / Matrix / David Wells ; **161** h GAMMA / Kurita ; **161** m COSMOS / Mark Henley ; **163** m GAMMA / Patrick Aventurier ; **163** b COSMOS / Karnow ; **164** m CORBIS / Howard Davies ; **164** b g GAMMA / Figaro Magazine / Lechenet ; **164** b d GAMMA / Liaison / N. Russell ; **165** h HOA-QUI / NF / C. Moreno ; **165** m CORBIS / Louis K. Meisel Gallery ; **165** b COSMOS / Pascal Maître ; **167** h Photodisc / John A. Rizzo ; **168** h COSMOS / Focus / H. Sautter ; **168** b CORBIS / Penny Tweedie ; **169** h GAMMA / T. Falise ; **169** m g CORBIS / Danny Lehman ; **169** m d HOA-QUI / M. Renaudeau ; **169** b COSMOS / Woodfin Camp / K. Fleming ; **172** h AMNESTY INTERNATIONAL ; **172** m REPORTERS SANS FRONTIERES ; **172** m UNICEF ; **183** AUTEURS ASSOCIES © Marsu By Franquin 2003 - www.gastonlagaffe.com ; **185** ROGER VIOLLET/ Lipnitzki ; **188** h g DAGLI ORTI G. / Musée Egyptien, Le Caire ; **188** h d RMN / Hervé Lewandowski / Musée du Louvre, Paris ; **188** m DAGLI ORTI G. / Musée des Offices, Florence ; **188** b RMN / R. G. Ojeda / Musée Picasso, Paris © Succession Picasso, Paris 2003 ; **189** h g Archives Larbor / Galerie Tretiakov, Moscou ; **189** h d BRIDGEMAN - GIRAUDON / British Museum, Londres ; **189** m g AKG / Erich Lessing / Museo del Prado, Madrid ; **189** m d RMN / Jean Schormans / Musée de l'Orangerie, Paris ; **189** b g AKG © ADAGP, Paris 2003 ; **189** b d RAPHO / Édouard Boubat ; **191** BRIDGEMAN - GIRAUDON / Glinka Museum of Music, Moscou ; **197** ROGER VIOLLET / Harlingue.

206-207 Les illustrations du robot AIBO ERS 210 ont été réalisées avec l'aimable autorisation de Sony.

CRÉDITS ILLUSTRATEURS

ARNO
chapitre Monde d'aujourd'hui :
p. 144-145, 150-151, 162-163

Benjamin **BACHELIER**
chapitre Monde d'aujourd'hui :
p. 166-167

Pascal **BALTZER**
chapitre Histoire :
p. 112-119, 122-127, 130-141

Sylvie **BESSARD**
chapitre Sciences et techniques :
p. 196-205

BLEXBOLEX
Petit Dokéo :
p. 18-19, 28-29, 38-39, 56-57, 64-65, 84-85, 106-107, 120-121, 128-129, 154-155, 174-175, 186-187, 206-207

Marc **BOUTAVANT**
chapitre Animaux :
p. 60-63, 66-83 et 86-91

Gaëtan **DORÉMUS**
pages d'ouverture de chaque partie :
p. 6-7, 46-47, 108-109, 178-179,
pages d'ouverture de chaque chapitre :
p. 8-9, 20-21, 48-49, 58-59, 92-93, 110-111, 142-143, 180-181, 194-195

Charles **DUTERTRE**
chapitre Terre :
p. 22-27, 30-37, 40-45

Aurélie **GUILLEREY**
chapitre Arts :
p. 182-185 et 188-193

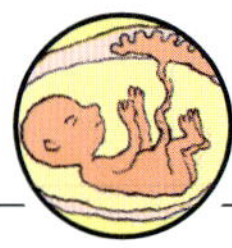

Nicolas **HUBESCH**
chapitre Corps humain :
p. 94-105

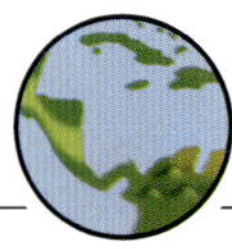

Olivier **LATYK**
chapitre Monde d'aujourd'hui :
cartes p. 144-145, 148-149, 150-151, 152-153, 156-157, 160-161, 164-165, 168-169

Vincent **MATHY**
chapitre Plantes :
p. 50-55

Jörg **MÜHLE**
chapitre Monde d'aujourd'hui :
p. 146-147, 170-171, 172-173, 176-177

Sandra **POIROT-CHERIF**
chapitre Monde d'aujourd'hui :
p. 158-159

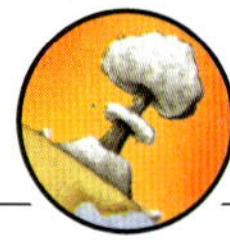

Guillaume **RENON**
chapitre Histoire :
p. 138-139

Alexios **TJOYAS**
chapitre Astronomie :
p. 10-17

Fabrice **TURRIER**
chapitre Monde d'aujourd'hui :
animation des cartes p. 144-145, 148-149, 150-151, 152-153, 156-157, 160-161, 164-165, 168-169

Conforme à la loi n°49.956 du 16 juillet 1949 sur les publications destinées à la jeunesse.
N° projet 10124728 - Dépot légal : septembre 2005 - Imprimé en Italie par CANALE.